dtv

»Ein Mensch erlebt den krassen Fall,
Es menschelt deutlich, überall –
Und trotzdem merkt man weit und breit,
Oft nicht die Spur von Menschlichkeit.«

Eugen Roth ist heute so aktuell wie 1935, als seine berühmten ›Ein Mensch‹-Gedichte zum ersten Mal erschienen sind. ›Ernst und heiter‹ bietet einen Querschnitt durch das Werk dieses Autors, der mit seinen heiteren Versbänden, aber auch mit seinen ernsten Gedichten und Erzählungen seit Jahrzehnten eine große Lesergemeinde erfreut.

Eugen Roth wurde am 24. Januar 1895 in München geboren, war nach dem Studium (Dr. phil. 1922) bis 1933 als Redakteur für die ›Münchner Neuesten Nachrichten‹ tätig und lebte bis zu seinem Tod am 28. April 1976 als freier Schriftsteller in seiner Heimatstadt. Seine Werke (u. a. ›Ein Mensch‹ 1935, ›Die Frau in der Weltgeschichte‹ 1936, ›Der Wunderdoktor‹ 1938) sind in Millionen von Exemplaren verbreitet.

Eugen Roth

Ernst und heiter

Deutscher Taschenbuch Verlag

Von Eugen Roth
sind im Deutschen Taschenbuch Verlag erschienen:
Mir geht's schon besser, Herr Professer! (13895)
Alles halb so schlimm! (13944)
Das Eugen Roth Buch (21137)
So ist das Leben (dtv *großdruck* 25205)

Ausführliche Informationen über
unsere Autoren und Bücher
finden Sie auf unserer Website
www.dtv.de

MIX
Papier aus verantwortungsvollen Quellen
FSC® C019821

Dezember 2004
5. Auflage 2012
Deutscher Taschenbuch Verlag GmbH & Co. KG,
München
Lizenzausgabe mit Genehmigung des Carl Hanser Verlags
Autorisierte Auswahl aus:
›Mensch und Unmensch‹, ›Neue Rezepte vom Wunderdoktor‹,
›Gute Reise‹, ›Rose und Nessel‹, ›Unter Brüdern‹,
›Abenteuer in Banz‹, ›Lebenslauf in Anekdoten‹ und
›Das Eugen Roth Buch‹

Erstveröffentlichung:
Deutscher Taschenbuch Verlag GmbH & Co. KG,
München 1961
Umschlagkonzept: Balk & Brumshagen
Umschlagbild: Rotraut Susanne Berner
Gesetzt aus der Stempel Garamond 12/14· (3B2)
Gesamtherstellung: Druckerei C. H. Beck, Nördlingen
Gedruckt auf säurefreiem, chlorfrei gebleichtem Papier
Printed in Germany · ISBN 978-3-423-25225-6

Inhalt

Unterwegs 85

Anekdoten 113

Allerlei Arznei 157

Kleiner Lebenslauf

Ich kam im Jahr fünfundneunzig zur Welt
Am vierundzwanzigsten Jänner.
Ich zähle darum – wenn wer was drauf hält –
Unter die Wassermänner.

Daß ich in München geboren bin,
Das dank ich dem günstigsten Sterne.
Ich gehe auch nirgend anderswo hin:
Wer Münchner ist, bleibt es auch gerne.

Ich trieb mich als rechter Lausbub herum –
Das kann ich oft heut noch nicht lassen! –
Dann kam ich auf das Gymnasium
Und würgte mich durch die neun Klassen.

Im Krieg, den ich freiwillig mitgemacht
Im Regiment »List« als Gefreiter,
Schoß man mich schon in der Ypernschlacht
In den Bauch; drum bracht ich's nicht weiter.

Dann hab ich gedichtet; und zwar sehr viel,
Doch viel dran ist wohl nicht gewesen.
Ein Bändchen Gedichte im steilsten Stil –
Sonst hat kein Mensch was gelesen.

Mein Vater war schon ein Zeitungsmann,
Das lockte zur Presse den Knaben.
Auch machte ich später den Doktor dann,
Fast ohne studiert zu haben.

Ein bißchen kam ich in der Welt herum
Und wurde schön langsam älter.
Ich wollte, ich wäre noch feurig und dumm,
Jetzt bin ich kaum klüger, doch kälter.

Ich bin auf das große Glück nicht mehr aus.
(Aufs Geld nur, soweit ich es brauche.)
Brav bleib ich bei meiner Frau zu Haus
Und lese und schreibe und rauche.

Ich habe allerhand mitgemacht –
Doch das hat heute fast jeder.
Ich hab es zu einem Haus gebracht,
Was schwer ist: nur mit der Feder.

Zwei Buben halten mich noch in Schwung
Mit mancherlei Lärm und Geplänkel.
Ich bin schon alt und sie sind so jung,
Wie selber gemachte Enkel.

Kein Mensch noch war allen Menschen lieb –
Drum kanns auch ich nicht verlangen.
Doch ists noch immer, was ich auch schrieb,
Ums Menschliche mir gegangen.

Man möchte von mir das Lustige nur,
Ich aber folg bis auf weitres
Dem wahren Leben und meiner Natur
Und dichte bald Ernstes, bald Heitres.

Von Zukunftsplänen, da red ich nicht oft:
Das Leben, es hat seine Mucken!
Gibts wieder was Neus – und ich hoff, daß man's hofft –
Dann laß ich es gerne drucken.

Fürs erste wär dieses mein Lebenslauf –
Das Weitre, das gibt sich, das macht sich:
Vielleicht hör ich morgen zu laufen auf,
Vielleicht werd ich siebzig und achtzig!

Ein Mensch …

Ein Mensch erlebt den krassen Fall,
Es menschelt deutlich, überall –
Und trotzdem merkt man weit und breit,
Oft nicht die Spur von Menschlichkeit.

Pech

Ein Mensch, geschniegelt und gebügelt,
Geht durch die Stadt, vom Wunsch beflügelt,
Daß er, als angesehner Mann,
Auch angesehn wird, dann und wann.
Jedoch der Gang bleibt ungesegnet:
Dem Menschen ist kein Mensch begegnet.
Geflickt, zerrauft, den Kragen nackt,
Mit einem Rucksack wüst bepackt,
Den Mund mit Schwarzbeermus verschmiert
Und, selbstverständlich, schlecht rasiert,
Hofft unser Mensch, nach ein paar Tagen,
Sich ungesehen durchzuschlagen.
Jedoch vergeblich ist dies Hoffen:
Was treffbar ist, wird angetroffen!
Ein General, ein Präsident,
Dem Menschen in die Arme rennt,
Die Jungfrau, die er still verehrt,
Errötend seine Spuren quert.
Zuletzt – der liebe Gott verschon ihn! –
Kommt, mit dem Hörrohr, die Baronin:
Und jedermann bleibt stehn und schaut,
Warum der Lümmel schreit so laut.
Der Mensch, schon im Verfolgungswahn,
Schlüpft rasch in eine Straßenbahn
Um sich, samt seinen heutigen Mängeln,
Dem Blick Bekannter zu entschlängeln.

Hier, wo er sich geborgen meint,
Steht stumm sein alter Jugendfeind.
Sein Auge fragt, als wollt es morden:
»Na, Mensch, was ist aus dir geworden!?«

Die Vergeßlichen

Ein Mensch, der sich von Gott und Welt
Mit einem andern unterhält,
Muß dabei leider rasch erlahmen:
Vergessen hat er alle Namen!
»Wer wars denn gleich, Sie wissen doch ...
Der Dings, naja, wie hieß er noch,
Der damals, gegen Ostern gings,
In Dings gewesen mit dem Dings?«
Der andre, um im Bild zu scheinen,
Spricht mild: »Ich weiß schon, wen Sie meinen!«
Jedoch, nach längerm hin und her,
Sehn beide ein, es geht nicht mehr.
Der Dings in Dingsda mit dem Dings,
Zum Rätsel wird er bald der Sphinx
Und zwingt die zwei sonst gar nicht Dummen,
Beschämt und traurig zu verstummen.

Der unverhoffte Geldbetrag

Ein Mensch ergeht sich in Lobpreisung:
Man schickte ihm per Postanweisung
Ein nettes Sümmchen, rund und bar,
Auf das nicht mehr zu rechnen war.
Der Mensch hat nun die demgemäße
Einbildung, daß er Geld besäße,
Und will sich dies und jenes kaufen
Und schließlich noch den Rest versaufen.
Doch sieh, schon naht sich alle Welt,
Als röche sie, der Mensch hat Geld!
Es kommen Schneider, Schuster, Schreiner
Und machen ihm das Sümmchen kleiner,
Es zeigen Krämer, Bäcker, Fleischer
Sich wohlgeübt als Bargeldheischer,
Dann macht das Gas, das Licht, die Miete
Den schönen Treffer fast zur Niete.
Vernommen hat die Wundermär
Auch der Vollstreckungssekretär,
(Es ist derselbe, den man früher
Volkstümlich hieß Gerichtsvollzieher.)
Und von der Gattin wird der Rest
Ihm unter Tränen abgepreßt.
Der Mensch, Geld kurz gehabt nur habend,
Verbringt zu Hause still den Abend.

Der Urlaub

Ein Mensch, vorm Urlaub, wahrt sein Haus,
Dreht überall die Lichter aus,
In Zimmern, Küche, Bad, Abort –
Dann sperrt er ab, fährt heiter fort.
Doch jäh, zu hinterst in Tirol,
Denkt er voll Schrecken: »Hab ich wohl?«
Und steigert wild sich in den Wahn,
Er habe dieses *nicht* getan.
Der Mensch sieht, schaudervoll, im Geiste,
Wie man gestohlen schon das meiste,
Sieht Türen offen, angelweit.
Das Licht entflammt die ganze Zeit!
Zu klären solchen Sinnentrug,
Fährt heim er mit dem nächsten Zug
Und ist schon dankbar, bloß zu sehn:
Das Haus blieb wenigstens noch stehn!
Wie er hinauf die Treppen keucht:
Kommt aus der Wohnung kein Geleucht?
Und plötzlich ists dem armen Manne,
Es plätschre aus der Badewanne!
Die Ängste werden unermessen:
Hat er nicht auch das Gas vergessen?
Doch nein! Er schnuppert, horcht und äugt
Und ist mit Freuden überzeugt,
Daß er – hat ers nicht gleich gedacht? –
Zu Unrecht Sorgen sich gemacht.

Er fährt zurück und ist nicht bang. –
Jetzt brennt das Licht vier Wochen lang.

Die Postkarte

Ein Mensch vom Freund kriegt eine Karte,
Daß der sein Kommen froh erwarte;
Und zwar (die Schrift ist herzlich schlecht!)
Es sei ein jeder Tag ihm recht.
Der Kerl schreibt, wie mit einem Besen!
Zwei Worte noch, die nicht zum Lesen!
Der Mensch fährt unverzüglich ab –
Des Freundes Haus schweigt wie ein Grab.
Der Mensch weiß drauf sich keinen Reim,
Fährt zornig mit dem Nachtzug heim.
Und jetzt entdeckt er – welch ein Schlag!
Der Rest hieß: »Außer Donnerstag!«

Das Hilfsbuch

Ein Mensch, nichts wissend von »Mormone«
Schaut deshalb nach im Lexikone
Und hätt es dort auch rasch gefunden –
Jedoch er weiß, nach drei, vier Stunden
Von den Mormonen keine Silbe –
Dafür fast alles von der Milbe,
Von Mississippi, Mohr und Maus:
Im ganzen »M« kennt er sich aus.
Auch was ihn sonst gekümmert nie,
Physik zum Beispiel und Chemie,
Liest er jetzt nach, es fesselt ihn:
Was ist das? Monochloramin?
»Such unter Hydrazin«, steht da.
Schon greift der Mensch zum Bande »H«
Und schlägt so eine neue Brücke
Zu ungeahntem Wissensglücke.
Jäh fällt ihm ein bei den Hormonen,
Er sucht ja eigentlich: Mormonen!
Er blättert müd und überwacht:
Mann, Morpheus, Mohn und Mitternacht.
Hätt weiter noch geschmökert gern,
Kam bloß noch bis zu Morgenstern
Und da verneigte er sich tief
Noch vor dem Dichter – und – entschlief.

Ordnung

Ein Mensch, mit furchtbar vielen Sachen,
Will eines Tages Ordnung machen.
Doch dazu muß er sich bequemen,
Unordnung erst in Kauf zu nehmen:
Auf Tisch, Stuhl, Flügel, Fensterbrettern
Ruhn ganze Hügel bald von Blättern.
Denn will man Bücher, Bilder, Schriften
In die gemäße Strömung triften,
Muß man zurückgehn zu den Quellen,
Um gleiches gleichem zu gesellen.
Für solche Taten reicht nicht immer
Das eine, kleine Arbeitszimmer:
Schon ziehn durchs ganze Haus die kühnen
Papierig-staubigen Wanderdünen,
Und trotzen allem Spott und Hassen
Durch strenge Zettel: Liegen lassen!
Nur scheinbar wahllos ist verstreut,
Was schon als Ordnungszelle freut;
Doch will ein widerspenstig Päckchen
Nicht in des sanften Zwanges Jäckchen.
Der Mensch, der schon so viel gekramt,
An diesem Pack ist er erlahmt.
Er bricht, vor der Vollendung knapp,
Das große Unternehmen ab,
Verräumt, nur daß er auch wo liegt,
Den ganzen Wust: Das Chaos siegt!

Leider

Ein Mensch sieht schon seit Jahren klar:
Die Lage ist ganz unhaltbar.
Allein – am längsten, leider, hält
Das Unhaltbare auf der Welt.

Der Bumerang

Ein Mensch hört irgendwas, gerüchtig,
Schnell schwatzt ers weiter, neuerungssüchtig,
So daß, was unverbürgt er weiß,
Zieht einen immer größern Kreis.
Zum Schluß kommts auch zu ihm zurück.
Jetzt strahlt der Mensch vor lauter Glück:
Vergessend, daß ers selbst getätigt,
Sieht froh er sein Gerücht bestätigt.

Vorsicht!

Ein Mensch wähnt, in der fremden Stadt,
Wo er Bekannte gar nicht hat,
In einem Viertel, weltverloren,
Dürft ungestraft er Nase bohren,
Weil hier, so denkt er voller List,
Er ja nicht der ist, der er ist.
Zwar er entsinnt sich noch entfernt
Des Spruchs, den er als Kind gelernt:
»Ein Auge ist, das alles sieht,
Auch was in finstrer Nacht geschieht!«
Doch hält er dies für eine Phrase
Und bohrt trotzdem in seiner Nase.
Da rufts – er möcht versinken schier –
»Herr Doktor, was tun Sie denn hier?«
Der Mensch muß, obendrein als Schwein,
Der, der er ist, nun wirklich sein.
Moral: Zum Auge Gottes kann
Auf Erden werden jedermann.

Bange Frage

Ein Mensch, ungläubig und verrucht,
Dummdreist das Ewige verflucht.
Was aber wird ihm wohl begegnen,
Muß er das Zeitliche einst segnen?

Das Ferngespräch

Ein Mensch spricht fern, geraume Zeit,
Mit ausgesuchter Höflichkeit,
Legt endlich dann, mit vielen süßen
Empfehlungen und besten Grüßen
Den Hörer wieder auf die Gabel –
Doch tut er nochmal auf den Schnabel
(Nach all dem freundlichen Gestammel)
Um dumpf zu murmeln: Blöder Hammel!
Der drüben öffnet auch den Mund
Zu der Bemerkung: Falscher Hund!
So einfach wird oft auf der Welt
Die Wahrheit wieder hergestellt.

Schlechter Trost

Ein Mensch glaubt, daß in seiner Stadt
Es Lumpen mehr als sonstwo hat.
Doch gibts noch größre, weit entfernt –
Nur, daß er die nicht kennen lernt!

Der Provinzler

Ein Mensch in einer kleinen Stadt,
Wo er sonst keinen Menschen hat, –
Und, gottlob, nur drei Tage bleibt –
Mit einem sich die Zeit vertreibt,
Der, ortsgeschichtlich sehr beschlagen,
Ihm eine Menge weiß zu sagen,
Ihn in manch gutes Wirtshaus führend,
Kurz, sich benehmend einfach rührend.
»Wenn Sie einmal nach München kommen ...«
Schwupps, ist er schon beim Wort genommen:
Der Mann erscheint, der liebe Gast –
Und wird dem Menschen schnell zur Last.
Man ist um solche Leute froh –
Doch nur in Sulzbach oder wo.

Einladungen

Ein Mensch, der einem, den er kennt,
Gerade in die Arme rennt,
Fragt: »Wann besuchen Sie uns endlich?!«
Der andre: »Gerne, selbstverständlich!«
»Wie wär es«, fragt der Mensch, »gleich morgen?«
»Unmöglich, Wichtiges zu besorgen!«
»Und wie wärs Mittwoch in acht Tagen?«
»Da müßt ich meine Frau erst fragen!«
»Und nächsten Sonntag?« – »Ach wie schade,
Da hab ich selbst schon Gäste grade!«
Nun schlägt der andre einen Flor
Von hübschen Möglichkeiten vor.
Jedoch der Mensch muß drauf verzichten,
Just da hat er halt andre Pflichten.
Die Menschen haben nun, ganz klar,
Getan, was menschenmöglich war
Und sagen drum: »Auf Wiedersehen,
Ein andermal wirds dann schon gehen!«
Der eine denkt, in Glück zerschwommen:
»Dem Trottel wär ich ausgekommen!«
Der andre, auch in siebten Himmeln:
»So gilts, die Wanzen abzuwimmeln!«

Kleine Geschichte

Ein Mensch blieb abends brav zu Haus.
Doch leider ging sein Ofen aus,
Ging aus, allein und ohne ihn
Und wußte durchaus nicht: wohin?
Vielmehr, entschlossen, auszugehn,
Blieb rauchend er im Zimmer stehn.
Man konnte nicht sich einigen, gütlich –
Der Abend wurde ungemütlich ...

Musikalisches

Ein Mensch, will er auf etwas pfeifen,
Darf sich im Tone nicht vergreifen.

Blumen

Ein Mensch, erkrankt schier auf den Tod
An Liebe, ward mit knapper Not
Gerettet noch von einer Mimin,
Die sich ihm hingab als Intimin.
Noch wild erfüllt von Jubelbraus
Geht er in tiefer Nacht nach Haus;
Er dampft vor Dankbarkeit und Wonne,
Ein jeder Stern wird ihm zur Sonne:
Ha! Morgen stellt er um den Engel
Gleich hundert Orchideenstengel ...
Er wird, und sollts ihn auch zerrütten,
Das Weib mit Rosen überschütten ...
Nicht Rosen, nein, die schnell verwelken –
Er bringt ihr einen Büschel Nelken ...
Sollt man nicht jetzt, im Winter, nehmen
Vier, drei, zwei schöne Chrysanthemen?
Wie wär es, denkt er hingerissen,
Mit Tulpen oder mit Narzissen?
Entzückend ist ein Primelstöckchen;
Süß sind des Lenzes erste Glöckchen.
Doch damit, ach, ist sein Gemüt
Denn auch so ziemlich abgeblüht.
Er sinkt ins Bett und träumt noch innig:
Ein Veilchenstrauß, das wäre sinnig ...

Vergeblicher Eifer

Ein Mensch, der nach Italien reiste,
Blieb doch verbunden stets im Geiste
Daheim mit seinen Lieben, zärtlich,
Was er auch kundtat, ansichtskärtlich:
Gleich bei der Ankunft in Neapel
Läßt dreißig Karten er vom Stapel
Und widmet ähnlichem Behufe
Sich auf dem Wege zum Vesuve.
Schreibt allen, die er irgend kennt
Aus Capri, Paestum und Sorrent,
Beschickt befreundete Familien
Mit Kartengrüßen aus Sizilien,
An Hand von Listen schießt der Gute
Aus Rom unendliche Salute,
An Vorgesetzte, Untergebne
Schreibt er aus der Campagna-Ebne
Und ist nun endlich, in Firenze
Beinah an der Verzweiflung Grenze.
Kaum kam er, bei dem Amt, dem wichtigen,
Dazu, auch selbst was zu besichtigen.
Jetzt erst, verlassend schon Venedig,
Hält er sich aller Pflicht für ledig:
Reist heim, damit er gleich, als Neffe,
Die, ach!, vergeßne Tante treffe:
»Kein Mensch denkt an uns alte Leut –
Ein Kärtchen hätt mich auch gefreut!«

Zeitgenössische Entwicklung

Ein Mensch sitzt da und schreibt vergnügt,
Sein Fleiß ist groß und das genügt.
Doch bald hat er sich angeschafft
Die erste Schreibmaschinenkraft;
Das langt nach kurzer Zeit nicht mehr,
Es müssen noch zwei andre her,
Desgleichen wer fürs Telefon,
Auch wird ein Diener nötig schon,
Ein Laufbursch und, es währt nicht lang,
Ein Fräulein eigens für Empfang.
Nun kommt noch ein Bürovorsteher –
Jetzt, meint der Mensch, ging es schon eher.
Doch fehlt halt noch ein Hauptbuchhalter
Sowie ein Magazinverwalter.
Sechs Kräfte noch zum Listenführen –
Da kann man sich schon besser rühren.
Doch reichen nun, man sahs voraus,
Die Tippmamsellen nicht mehr aus.
Bei Angestellten solcher Zahl
Brauchts einen Chef fürs Personal;
Der wiedrum, soll er wirksam sein,
Stellt eine Sekretärin ein.
Die Arbeit ist im Grunde zwar
Die gleiche, die sie immer war,
Doch stilgerecht sie zu bewältigen,
Muß man die Kraft verhundertfältigen.

Der Mensch, der folgerichtig handelt,
Wird zur Behörde so verwandelt.

Das Haus

Ein Mensch erblickt ein neiderregend
Vornehmes Haus in schönster Gegend.
Der Wunsch ergreift ihn mit Gewalt:
Genau so eines möcht er halt!
Nur dies und das, was ihn noch störte,
Würd anders, wenn es ihm gehörte;
Nur wär er noch viel mehr entzückt,
Stünd es ein wenig vorgerückt ...
Kurz, es besitzend schon im Geiste,
Verändert traumhaft er das meiste.
Zum Schluß möcht er (gesagt ganz roh)
Ein andres Haus – und anderswo.

Versäumter Augenblick

Ein Mensch, der beinah mit Gewalt
Auf ein sehr hübsches Mädchen prallt,
Ist ganz verwirrt; er stottert, stutzt
Und läßt den Glücksfall ungenutzt.
Was frommt der Geist, der aufgespart,
Löst ihn nicht Geistesgegenwart?
Der Mensch übt nachts sich noch im Bette,
Wie strahlend er gelächelt hätte.

Nur

Ein Mensch, der, sagen wir, als Christ,
Streng gegen Mord und Totschlag ist,
Hält einen Krieg, wenn überhaupt,
Nur gegen Heiden für erlaubt.
Die allerdings sind auszurotten,
Weil sie des wahren Glaubens spotten!
Ein andrer Mensch, ein frommer Heide,
Tut keinem Menschen was zuleide,
Nur gegenüber Christenhunden
Wär jedes Mitleid falsch empfunden.
Der ewigen Kriege blutige Spur
Kommt *nur* von diesem kleinen *»nur«* …

Zur Warnung

Ein Mensch, zu kriegen einen Stempel,
Begibt sich zum Beamten-Tempel
Und stellt sich, vorerst noch mit kalter
Geduld, zum Volke an den Schalter.
Jedoch, wir wissen: Hoff und Harren,
Das machte manchen schon zum Narren.
Sankt Bürokratius, der Heilige,
Verachtet nichts so sehr wie Eilige.
Der Mensch, bald närrisch-ungeduldig
Vergißt die Ehrfurcht, die er schuldig,
Und, wähnend, daß er sich verteidigt,
Hat er beamten-schon-beleidigt.
Er kriegt den Stempel erstens nicht,
Muß, zweitens, auf das Amtsgericht,
Muß trotz Entschuldigens und Bittens
Noch zehn Mark Strafe zahlen, drittens,
Muß viertens, diesmal ohne Zorn,
Sich nochmal anstelln, ganz von vorn,
Darf, fünftens, keine Spur von Hohn
Raushörn aus des Beamten Ton
Und darf sich auch nicht wundern, sechstens,
Wenn er kriegt Scherereien, nächstens.
Geduld hat also keinen Sinn,
Wenn sie uns abreißt, mittendrin.

Verdächtigungen

Ein Mensch schwatzt lieb mit einem zweiten –
Ein dritter geht vorbei von weiten.
Der zweite, während sie den biedern
Gruß jenes dritten froh erwidern,
Läßt in die Unterhaltung fließen:
»Der ist mit Vorsicht zu genießen!«
Sie trennen sich: der zweite trifft
Den dritten – und verspritzt sein Gift:
»Der Herr, mit dem ich grad gewandelt,
Mit Vorsicht, Freund, sei der behandelt!«
Der erste, wie sich Zufall häuft,
Nun übern Weg dem dritten läuft,
Der, auf den zweiten angespielt,
Die höchste Vorsicht anempfiehlt
So daß, in Freundlichkeit getarnt,
Vor jedem jeder jeden warnt.
Die Vorsicht ist, zum Glück, entbehrlich:
Denn alle drei sind ungefährlich!

Verhinderte Witzbolde

Ein Mensch erzählt grad einen Witz:
Gleich trifft des Geistes Funkelblitz! –
Doch aus der Schar gespannter Hörer
Bricht plötzlich vor ein Witz-Zerstörer,
Ein Witzdurch-Kreuzer, nicht mit Ohren
Bestückt, nein, mit Torpedorohren:
In die Erwartung, atemlos,
Wumbum! Schießt der Zerstörer los,
Mit seinem Witz-dazwischen-Pfeffern.
Der Mensch sinkt rasch, mit schweren Treffern.
Racks! Geht auch jener in die Luft –
Die ganze Wirkung ist verpufft ...
Der Mensch rät nun, statt sich zu quälen,
Dem Witz-Zerstörer, zu erzählen
Die eignen Witze, ganz allein –
Er selber wolle stille sein.
Jedoch der Unmensch, frei vom Blatt,
Gar keinen Witz auf Lager hat:
Nur, wenn auf fremden Witz er stößt,
Wird seiner, blindlings, ausgelöst.

Gründliche Einsicht

Ein Mensch sah jedesmal noch klar:
Nichts ist geblieben so, wies war. –
Woraus er ziemlich leicht ermißt:
Es bleibt auch nichts so, wies grad ist.
Ja, heut schon denkt er, unbeirrt:
Nichts wird so bleiben, wies sein wird.

Prüfungen

Ein Mensch, gestellt auf *harte* Probe,
Besteht sie, und mit höchstem Lobe.
Doch sieh da: es versagt der gleiche,
Wird er gestellt auf eine *weiche!*

Saubere Brüder

Ein Mensch sieht Hand von Hand gewaschen.
Und doch – es muß ihn überraschen,
Daß der Erfolg nur ein geringer:
Zum Schluß hat alles schmierige Finger.

Gott lenkt

Ein Mensch, dem eine Vase brach,
Gibt einem schnöden Einfall nach:
Er fügt sie, wie die Scherbe zackt,
Und schickt sie, kunstgerecht verpackt,
Scheinheilig einem jungen Paar,
Dem ein Geschenk er schuldig war.
Ja, um sein Bubenstück zu würzen,
Schreibt er noch: »Glas!« drauf und: »Nicht stürzen!«
Der Mensch, heißts, denkt, Gott aber lenkt:
Das Paar, mit diesem Schund beschenkt,
Ist weit entfernt, vor Schmerz zu toben –
Froh fühlt sichs eigner Pflicht enthoben,
Den unerwünschten Kitsch zu meucheln
Und tiefgefühlten Dank zu heucheln.

Irrtum

Ein Mensch meint, gläubig wie ein Kind,
Daß alle Menschen Menschen sind.

Weltlauf

Ein Mensch, erst zwanzig Jahre alt,
Beurteilt Greise ziemlich kalt
Und hält sie für verkalkte Deppen,
Die zwecklos sich durchs Dasein schleppen.
Der Mensch, der junge, wird nicht jünger:
Nun, was wuchs denn auf *seinem* Dünger?
Auch er sieht, daß trotz Sturm und Drang,
Was er erstrebt, zumeist mißlang,
Daß, auf der Welt als Mensch und Christ
Zu leben, nicht ganz einfach ist,
Hingegen leicht, an Herrn mit Titeln
Und Würden schnöd herumzukritteln.
Der Mensch, nunmehr bedeutend älter,
Beurteilt jetzt die Jugend kälter
Vergessend frühres Sich-Erdreisten:
»Die Rotzer sollen erst was leisten!«
Die neue Jugend wiedrum hält …
Genug – das ist der Lauf der Welt!

Unter Brüdern

Der Regenwurm

So einen lieben, zärtlichen Stefan wie heute haben wir schon lang nicht mehr gehabt. Sommer ist's und Sonntag; wie ein munterer, liebreizender Film läuft er ab, ohne Pause, ohne Störung. Stefan hat im Bett mit mir geschäkert, jetzt wäscht er mich als Badeknecht, seift mich ein, duscht mich, trocknet mich ab. Das Frühstück ist voller Zärtlichkeit und Poesie, der Vormittag vergeht in liebendem Eifer und in unermüdlicher Hilfsbereitschaft. Er bringt den Liegestuhl in den Garten, er läßt sich Märchen erzählen, er umhüpft und umsorgt mich, ich bin ganz gerührt, wahrhaftig, wie ein Engel sieht er aus, blond und blau, mitten im Grünen, falterleicht spielend zwischen bunten Blumen, selig und sündelos – »mir ist, als ob ich die Hände ums Haupt ihm legen sollt', betend, daß Gott ihn erhalte so rein und schön und hold« – und ganz zufällig greife ich in die Rocktasche, die Hand fährt erschrocken und angewidert zurück, was kann das nur sein? Ich fingere noch einmal herum, es ist was Kaltklebriges, Ekelhaftes und – wahrhaftig, das rührt sich ja! Ich ziehe einen fetten, einen ungeheuren Regenwurm ans Licht.

Selbst ein Münchner Kriminaler würde auf die Vermutung kommen, daß das der Stefan getan haben dürfte – nicht durfte, müßte – nicht mußte;

kurz, daß er allein für eine solche Untat in Frage kam.

Hab' ich da fahrlässigerweise oder gar aus Gehässigkeit was gegen die Münchner Kriminaler gesagt? Das kann sich nur auf solche einer fernen Vergangenheit beziehen; bei uns war eingebrochen worden, und wir holten die Polizei, die nach geraumer Zeit in Gestalt eines treuherzig aus wässerigen Augen blickenden Schnauzbarts erschien. Er besah sich genau die unverkennbaren Spuren, hin und her, dann stellte er sich stolz vor uns hin und sprach seine Überzeugung aus, daß hier ein Einbruchsversuch stattgefunden haben müsse. »Deshalb haben wir Sie ja geholt!« sagten wir ganz bescheiden. »Haben Sie«, erkundigte er sich mit selbstgefälligem Scharfsinn, »Freunde oder Bekannte?« – »Freilich, Bekannte zu Hunderten, aber wieso ...?« – »Sie haben also keinen bestimmten Verdacht?« Wir hatten einen. »Dann –«, meinte er achselzuckend, »wird sich nicht viel machen lassen.«

Die Sache blieb damals auch wirklich im dunkeln. Aber diesmal hatte ich einen Verdacht. Und trotzdem, trotz der klarsten Indizien, war ich im Zweifel: wie konnte dieses liebe Kind, auch jetzt noch die Unschuld selber, mir dieses gräusliche Regenwurmungeheuer in die Tasche gespielt haben? Und wann vor allem? Lückenlos, so schien mir, war der Tag abgelaufen, nicht eine Minute war dazwischen gewesen, in der er die schwarze Tat hätte vollbringen können.

Ich will nicht sagen, daß nicht auch der Thomas, im gleichen Blütenalter, eines solchen Schabernacks fähig gewesen wäre – aber sein Gewissen hätte ihm keine Ruhe gelassen, er hätte zu kichern angefangen, hundert Andeutungen gemacht, und zum Schluß wäre er geplatzt vor Neugier, Indianertänze hätte er aufgeführt und mich aufgefordert, doch einmal in meine Tasche zu greifen. Der Stefan aber, von keines Gedankens Blässe angekränkelt, zeigte sich lieb und harmlos wie zuvor; und auch ich tat nicht dergleichen, ich ließ den Regenwurm wieder in die Tasche verschwinden und beschloß, zu prüfen, welchen Druck sein Gemüt wohl aushalten würde.

Der schlichte Hinweis, daß die Amsel dort vermutlich Regenwürmer suche, ließ ihn völlig ungerührt. Das Stichwort gab ihm keinen Stich. Er hatte sogar die Dreistigkeit, mich in ein Gespräch über den Nutzen des Regenwurmes zu verwikkeln. »Die Fischer«, sagte ich listig, »wie zum Beispiel der Onkel Bi, brauchen die Regenwürmer zum Angeln – und ich habe das Fischen eigentlich nur deshalb aufgegeben, weil mir der Wurm am Haken so leid getan hat. Dir tut, scheint's, so ein Wurm nicht leid?!« Stefan überhörte die Frage, er berichtete ganz sachlich, daß er am vorigen Sonntag mit dem Onkel Bi und dem Jan und dem Jörg gefischt habe: »Da haben wir unter den alten Brettern Würmer gesucht und in eine Blechschachtel getan.« – »Da gehören sie auch hin«, sagte ich drohend – aber ehe ich ihn packen konnte, gab er dem Gespräch blitzschnell eine andere, eine düstere Wendung: »Wenn wir tot sind, gelt, Papi, da fressen uns die Regenwürmer.« – »Ja, ja«, knurrte ich, ärgerlich, daß er mir so knapp vor dem Ziel noch einmal entwischt war. Ich ging zum entscheidenden Angriff über: »Du, scheint's, graust dich vor den Regenwürmern nicht?« Jetzt mußte er wohl die Waffen strecken. »Nein«, sagte er – »aber die Chinesen, die essen sogar die Regenwürmer! Das täte ich nicht!« So ein abgefeimter Bursche! Wohl oder übel mußte ich ihn gar noch aufklären, daß das mit den chinesischen Regenwürmern ganz anders sei als bei uns – »Im Salat!« rief er lustig. »Im Salat«, sagte ich streng, »es kann bei aller Aufmerksamkeit einmal vorkommen, daß ein winziges Würmchen sich zwischen die Blätter verschlüpft; dann macht man kein solches Geschrei wie du neulich, sondern trägt ihn ganz still hinaus.« – »In den Garten?« fragte er scheinheilig. Jetzt hab' ich genug, der Ärger reißt mich hin. »Ja, jedenfalls steckt man ihn nicht in die Tasche!« rufe ich, »und wie kommt überhaupt ein solches Ungeheuer in meine Rocktasche?!«

Ich zog den gewaltigen Wurm heraus und hielt

ihn dem Stefan unter die Nase. »Du weißt es schon!« kicherte er unbehaglich, und wuppdich war er verschwunden. »Du kommst sofort her!« rief ich ihm nach, aber er kam natürlich nicht.

Ich hatte gesiegt, aber es war keine Umfassungsschlacht, kein Cannae, ein ordinärer Sieg war es, genau besehen, ein Pyrrhussieg. Schweigend trug ich den sich windenden Wurm in die hinterste, schattige Gartenecke.

Bange Augenblicke

Meine Frau ist verreist, der Zimmerherr ist fort, die Kinderschwester ist mit dem Thomas spazierengegangen. Das sonst so unruhige Haus liegt in Sonntagsstille, ich sitze an meinem Schreibtisch, die Helma, auch schon halb zum Ausgehen gerüstet, bewacht in der Küche den Festtagsbraten, und der dreijährige Stefan ist in seinem Zimmer eingesperrt – mag er dort anstellen, was er will, viel Schaden kann er ja nicht tun: das Fenster ist verriegelt, die Wände sind ohnehin verschmiert und zerkratzt, das Spielzeug zertrümmert. Die blonde Bestie ist so gut aufgehoben wie ein Tiger in seinem Käfig. Draußen ist es auch ruhig, in Gärten und Straßen rührt sich kein Mensch, es ist ein urgemütlicher, einsamer, schier ländlicher Vormittag, heraußen vor der Stadt, Fenster und Türen sind wohl verschlossen, niemand kann stören, sogar gegen unerwünschten Besuch können wir uns totstellen.

Plötzlich zerreißt gräßliches Geschrei die göttliche Ruhe des Hauses: Stefan hat also doch eine unvorherzusehende Möglichkeit gefunden, zu spielen, uns einen Streich zu spielen – ich stürze hinüber, sperre die Tür auf – da hängt der Knirps im halben Klimmzug am Schrank und angelt verzweifelt mit den Beinen nach einem Halt. Er hat einen Stuhl auf das Schaukelpferd gestellt, das schwankende Gebäude ist unter ihm weggerutscht, und nun zappelt er brüllend zwischen Himmel und Erde, bis ich ihn mit raschem Griff umfasse und auf den Boden stelle.

Auch Helma, das junge Hausmädchen, ist auf das Wehgeschrei herbeigelaufen, sie war gerade auf einen Sprung in ihrem Stübchen gewesen, um ihre Verwandlung von einer Werktagsraupe in einen Sonntagsschmetterling fortzusetzen – wie sie geht und steht, saust sie die Treppe herunter; und schnauft erleichtert auf, wie sie den kleinen Bösewicht heulend, aber unbeschädigt am Boden stehen sieht: Mein Gott, was hätte nicht alles geschehen können!

Wir schelten den Burschen, während wir an unserm Geiste alle Unglücksmöglichkeiten schaudernd vorüberziehen lassen, heftig aus, er entzieht sich wieselflink solch unerwünschter Predigt durch die Flucht – »Du bleibst da!« drohe ich, »sofort gehst du her!« ruft ihm Helma nach, wir lachen noch und denken nichts Arges – da hat er schon die Tür hinter sich zugeworfen, wir schießen beide drauf los, drücken die Klinke nieder – zu spät, mit einer unbegreiflichen Fixigkeit hat der Bösewicht den Schlüssel im Schloß umgedreht – wir sind gefangen!

Wir schauen uns an und lachen schallend. Eine lustige Geschichte, denken wir. Und ich gar, ich alter Esel, überlege mir, ob da nicht Gott Amor höchstselbst in das Büblein gefahren sei, der Schalk. Denn wenn's wahr ist, daß Gelegenheit Liebe macht, was für eine Gelegenheit hat der kleine Kuppler da listig geschaffen! Aber das schäkermütige Wort erstirbt mir im Munde, und meine liederlichen Betrachtungen stellen sich umgehend als höchst unzeitgemäß heraus. Wohl hat auch Helma fleischliche Gedanken, aber ihr Schrekkensruf: »Der Kalbsbraten!« weist in eine ganz andere Richtung ...

Wir hören Stefans tappende Schritte sich entfernen, wir rütteln an der Tür, wir schreien: »Aufmachen!« Wir hören ein silbernes Lachen, es muß ein Riesenspaß für ihn sein, daß *wir* jetzt als Gefangene toben. »Willst du aufsperren?« – »Nein!« klingt es fröhlich aus dem Treppenhaus. Ich versuche es mit Drohungen, Helma setzt mit Sirenengesang ein, wenn mir der Atem ausgeht. Stefan sagt: »Nein!«

Uns beiden wird immer klarer bewußt, wie dumm unsre Lage ist: auf die Rückkehr der Schwester können wir nicht warten. Nachbarn zu erreichen, müßten wir gellend um Hilfe rufen – wer tut das gern? Und sie könnten höchstens uns mit einer Leiter aus dem Zimmer holen – aber ins Haus, in die Küche vor allem, würden wir nicht anders als durch ein eingeschlagenes Fenster gelangen. Und was kann dem Stefan alles zustoßen, wenn er in seiner dreisten Art auf Entdeckungsreisen geht?

Der Braten schmort im Rohr, die Kartoffeln dampfen auf dem Gas, wer weiß, ob noch genug Wasser im Topf ist. Die kostbaren Minuten verrinnen. Wir betteln, wir locken, wir beschwören. Und Stefan jauchzt. Eine solche Heidengaudi hat er noch nicht erlebt. Endlich fällt mir etwas ein: der Bär! Es ist ein ganz kleiner, billiger, arg geschundener, augenloser, schmutziger Wollknäuel – aber Stefan verehrt ihn abgöttisch. Der muß uns helfen. »Stefan!« rufe ich hinaus und mache ein herzzerreißendes Gestöhne und Gebrumm dazu, »der arme Bär ist so krank, er will dir etwas sagen!« Gottlob, die Kinderschritte tappen näher. Ich schildere die Leiden des armen Tieres und seinen glühenden Wunsch, zum lieben Stefan hinauszukommen, in allen Tönen. Schon scheint's halb gewonnen: der liebe Stefan rüttelt an der Klinke. Noch einmal werden wir blaß, wie, wenn das Kind jetzt zwar öffnen möchte, aber nicht kann? Zusperren ist leichter als aufsperren, auch sonst im Leben ... Endlich, auf die Bitten und Belehrungen des Bären hin, dreht sich der Schlüssel – die Tür ist doppelt verschlossen. »Anders herum!« fleht der Bär. »Geht nicht!« ruft der Stefan von draußen; gleich wird er zu heulen anfangen. Wenn er zappelig wird, ist alles verloren. Aber die Liebe zum Bären, die schafft's. Zweimal knirscht der Schlüssel, wir reißen die Tür auf, und während der Stefan seinen Bären begeistert an sich drückt (und sich weder um meine Zornes- noch Freudenausbrüche schert), rennt Helma in die Küche, um in letzter Minute mit Wassers Schwall die verschmachtenden Kartoffeln und den verbrutzelnden Braten zu retten ...

Der Schwur

Der vierjährige Thomas ist ein liebenswürdiges und hilfsbereites Kind, und wo er sich im Hause nützlich machen kann, tut er's. Vorausgesetzt natürlich, daß es ihm selber Spaß macht. Wie zum

Beispiel, zum Gärtner Schammerl zu gehen und die Viktualien fürs Mittagessen einzukaufen.

Der Gärtner Schammerl hat, keine zweihundert Meter von uns, auf einem von mannshohem Unkraut überwucherten Trümmerfeld, eine Baracke bezogen, in der er allerlei Gemüse, Obst und Grünzeug feil bietet, nichts Besonderes freilich, denn grad erst beginnt der Währungsschnittlauch zu wachsen, das dicke Butterbrot des Wirtschaftswunders wagt noch kein Mensch zu ahnen.

Zwar liegt der kleine Laden an der Hauptstraße, aber auf unserer Seite, so daß der Thomas ungefährdet seinen Weg machen kann. Und wenn er in spätestens zehn Minuten nicht zurück ist, schauen Vater, Mutter oder Magd um die Ecke, ob er noch nicht herantrabt.

Er beeilt sich auch immer, denn die ärgste Beschämung für ihn ist, daß ihn wer im Geschäft selbst abholt und damit zeigt, daß man ihm eine so wichtige Aufgabe doch allein noch nicht anvertrauen kann. Da wird er dann rasend vor Wut, wirft alles hin und rennt heulend heim, sich im Garten zu verstecken.

Der Gärtner Schammerl ist ein gutmütiger, fröhlicher Mann mit einem Rübenkopf, kräftig, jung noch, aber im Krieg ist ihm der linke Arm lahm geschossen worden und an der rechten Hand fehlen ihm drei Finger, es schaut ein bißchen grauslich aus, wenn er mit Daumen und Zeigefinger, wie mit einer Krebsschere, die gelben Rüben ergreift oder einen Kohlkopf mit einer schleudernden Bewegung an die Brust drückt, um ihn zur Waage zu tragen. Aber Thomas liebt ihn, wegen seiner Späße und wohl auch wegen der Kirschen und Pflaumen, die für ihn abfallen.

Übrigens ist der Knirps, gottlob und im Gegensatz zu uns Schüchterlingen seinerzeit, die wir als Kinder uns in keinen Laden trauten, ein mutiger, ja ein gestrenger Einkäufer; und wenn wirklich der Kunde König ist, dann ist der Thomas der verheißungsvollste Kronprinz, der sich denken läßt.

Er behauptet – wenn's sein muß, mit kühner, aber nicht frecher Rede – seinen Platz, wenn ihn die Großen wegdrängen möchten, er schaut wie ein Luchs, er richtet auch tapfer und treu aus, daß der Rettich gestern pelzig war, und er ruft dem Gärtner Schammerl mit seiner Pipsstimme warnend zu: »Daß du mir fein was Gutes gibst, sonst komm ich nimmer!«

Wieselflink läuft er und atemlos stellt er das Körbchen auf den Küchentisch und nun will er aber auch noch gelobt sein, daß nichts vergessen ist, weder die Petersilie noch die Zwiebeln, und es erfreut ihn unbändig, wenn die Mammi sagt, daß das die schönsten Radieschen sind, die sie seit langem gesehen hat. Er ist sich seiner Wichtigkeit voll bewußt und nimmt es für bare Münze, wenn wir sagen, ohne ihn ginge es nicht.

Wo viel Licht ist, da ist viel Schatten. Der Thomas hat also irgendwas angestellt, eine Blume geknickt, ein Loch gegraben, einen Löffel verworfen – es gibt einen Klaps und den herben Tadel, daß er ein böses, ein ganz und gar unnützes Kind sei.

Den Klaps und das böse Kind hätte er noch hingenommen; aber unnütz? Das ging gegen seine Ehre. »Nie wieder gehe ich für euch zum Gärtner Schammerl!« ruft er drohend. Wir ertragen es mit Fassung, sehr zum Schmerz des zürnenden Achill.

Am andern Tag, die Mammi hätte gern ein paar Stangen Lauch gehabt, erinnert sich Thomas rechtzeitig seines Schwurs: »Nie wieder gehe ich für euch zum Gärtner Schammerl«, ruft er grollend und bemerkt gar nicht, daß ihn niemand darum gebeten hat. Der Vater geht selbst die paar Schritte, um die Kleinigkeit zu besorgen. Am dritten Tag zieht es ihn schon an allen Fingern nach dem Körbchen; und in seiner Zornesstimme ist schon ein ersticktes Schluchzen: »Nie wieder ...« – »Ja, wir wissen es bereits, auf dich ist nicht mehr zu rechnen!«

Niemand schickt ihn, niemand bedarf seiner. Er fühlt sich völlig übersehen. Um so lauter brüllt er: »Nie wieder gehe ich für euch zum Gärtner Schammerl!« Unversöhnlich, unbeugsam ist sein Wille. Sogar abends, im Bett, anstelle des Nachtgebets, muß er's uns noch einmal mitteilen, daß er eisern entschlossen sei, uns seine unentbehrlichen

Dienste, den Gärtner betreffend, nie mehr zur Verfügung zu stellen.

Länger wollen wir ihn nicht leiden lassen. Am vierten Tag streicht er sehnsüchtig in der Küche herum. »Jetzt brauchten wir halt ein liebes Kind«, klagt die Mammi, »das uns zwei Pfund schöne, rote Tomaten beim Gärtner holt!« Noch steht er verstockt in der Ecke, das »Nie wieder ...« zuckt und zerrt schon an seinen Lippen. »Kann nicht ich ...?« frage ich scheinheilig; aber die Mammi sagt: »Nein, das kann nur der Thomas!«

Und der Thomas weint und lacht zugleich, Erlösung und Jubel überströmen sein Gesicht, er reißt das Körbchen an sich, wartet das Geld gar nicht erst ab – »zwei Pfund?« fragt er noch zurück und wie ein Pfeil dahin schnellt er zum Gärtner Schammerl.

Des Sängers Fluch

Thomas, an die fünf Jahre alt, verlangt jeden Tag eine Geschichte von mir, seit anderthalb Jahren. Und an Sonn- und Feiertagen zwei. Da geht nun auch der größte Vorrat einmal zu Ende, Grimms Märchen sind erschöpft, der Kalif Storch ist oft und oft erzählt, Andersen und Christof von

Schmid sind ausgebeutet, und selbst die Scheherazade wäre verlegen, was sie an passenden Abenteuern noch bieten könnte.

Da muß ich denn einen tieferen Griff in die deutsche Dichtung tun, um den Bedarf einigermaßen zu decken. In schlichtes Deutsch zurückversetzt, gewann der Taucher wie der fromme Knecht Friedolin ungeahnte Märchenwirkung, der Kampf mit dem Drachen wurde neu gekämpft, und vor dem Löwen und Tiger des Handschuhs fürchtete ich mich beinahe selber.

Thomas hat seine mutigen Tage, an denen er allerhand verträgt und, wenn man ihm nur klar beweist, daß dem Missetäter recht geschehen ist, vor den grausamsten Strafen nicht nur nicht zurückschreckt, sondern sie selbst gebieterisch fordert. Aber zu anderen Zeiten ist er leicht gerührt, und als ich ihm Uhlands Ballade von des Sängers Fluch vorsetzte, stieß ich auf unerwartete, tränenreiche Widerstände.

In der Schilderung von Tyrannen und pechschwarzen, weite Reiche beherrschenden Bösewichtern haben wir ja inzwischen einige Erfahrung gewonnen, aber *mein* König ließ alles weit hinter sich, was je blutig und finsterbleich auf einem Thron gesessen hatte. Denn, sagte ich mir, wenn den Burschen sein Schicksal später ereilt, muß es ein klarer Sieg des Guten über die Niedertracht werden. Aber mein Sohn – von wem mag er's haben? – zeigte eine schwer zu bekämpfende Liebe zum monarchischen Prinzip. Aufs schönste stellte ich ihm das Sängerpaar vor, den würdigen Greis im schneeweißen Bart und den herrlichen Jüngling im blonden Lockenhaar, wie sie, die Lust und auch den Schmerz zusammennehmend, ihr Lied vor dem König ertönen ließen. »Vielleicht«, sagte Thomas streng, »hat er keine Musik hören wollen. Ich darf ja auch nicht immer Grammophon spielen, wenn ich möchte.« – »Aber Thomas«, wies ich ihn zurecht, »da braucht er doch nicht gleich mit dem Schwert nach dem armen Knaben zu werfen!« – »Vielleicht«, meinte Thomas zweifelnd, »hat er ihn gar nicht treffen wollen! Und wenn der alte Mann ein Zauberer war, du sagst doch, er hat zaubern können, dann hätte er seinen Sohn ja wieder lebendig machen sollen. Da hätte sich der König und die liebe Königin gefreut.«

»Das hat er auch!« log ich, »aber dann hat er ein fürchterliches Gewitter hergezaubert und es hat geblitzt: hui! und gedonnert, wumberumbumbum! Und der Sturm ist gegangen, daß die Ziegel vom Dach –« – »Der arme König!« schrie Thomas angstvoll, »und die Königin hat überhaupt nichts dafür können!« – »Nein, die war unschuldig!« mußte ich zugeben, »aber der König, Thomas, bedenk doch, der Bösewicht, der muß doch seine Strafe haben, dem ist doch recht geschehen! Also, ganz schwere Wolken kommen, es fängt an zu regnen, zu hageln, und auf einmal zittert und kracht das ganze Schloß …« Thomas klammerte sich flehend an meinen Arm: »Laß doch, bitte, den König sagen, daß er's nie wieder tun will!«

Ich wurde weich. Mit Donnerstimme ließ ich den alten Harfner fragen, ob der König von nun an brav sein wolle. Und er versprach's hoch und heilig. Thomas strahlte. »Und sooft seitdem wieder Musikanten auf das Schloß kamen«, endete ich meinen Lügenbericht, »ging der König selber an die Haustür und machte ihnen auf, und die Königin fragte sie gleich, ob sie Hunger hätten und was ihre Leibspeise sei. Und dann sagten sie …« – »Kartoffelpuffer!« rief Thomas freudig, und im Grund waren wir beide glücklich darüber, daß einmal etwas in der Welt besser hinausgegangen ist, als es die düstern Gesänge unserer Dichter künden.

Das Lotterielos

In der Lotterie haben schon viele große Männer gespielt, ich muß das wissen, denn ich habe ein Buch darüber geschrieben. Und wenn schon der erwachsene Adalbert Stifter kindlich genug war, auf einen unfehlbaren Treffer zu hoffen, ist es für den neunjährigen Thomas keine Schande, daß er sich fest und steif einbildet, man brauche nur ein Los zu nehmen, um viel Geld zu gewinnen. Ich selber habe als Kind noch klügere Berechnungen angestellt: wenn man alle Lose kauft, so dachte ich, kann einem der Haupttreffer nicht auskommen.

Jedenfalls, wir hatten den Thomas auf seine erste größere Reise mitgenommen und spazierten in der ehrenfestesten Stadt der Welt, in Bern, durch die steinernen Bögen, an einem blitzblauen Sommertag, der ein gediegenes Vertrauen schenkt, daß das Abendland so schnell noch nicht untergeht, und daß die Schweiz ihr letztes Sängerfest, Sechseläuten und Bundesschießen in einer fernen Zukunft feiern wird.

Solch eine Jubelfeier war offensichtlich auch soeben wieder im Gange, denn an allen Straßenecken wurden Lose ausgeboten. Mich ergriff eine frohmütige Zuversicht, einen Franken dranzusetzen, in der Fremde sozusagen mein Glück zu versuchen; und ich drückte dem Thomas die Silbermünze in die Hand, auf daß er's der Frau Fortuna opfere. Es bedurfte einigen Zuredens, ja, strengen Befehls, bis der schüchterne Bub die paar Schritte tat, die auch ein Sonntagskind tun muß, um goldne Früchte einzuheimsen. Er kam aber sogleich ziemlich verwirrt zurück, er war nicht auf Frau Fortuna persönlich gestoßen, sondern auf ihren Stellvertreter, einen alten Mann, der ihm in reinstem Schwyzerdütsch etwas Unverständliches mitgeteilt und den Franken verächtlich von sich gewiesen hatte.

Es stellte sich heraus, daß die Eidgenossen auch hier, ohne Rücksicht auf die Kosten, alles gründlich machen – kurz und gut, das Los kostete fünf Franken; dafür war aber auch, besten Falles, eine bare Million zu gewinnen. So viel wollte ich nun ja weder einsetzen noch erhoffen, aber dem Thomas die bereits üppig aufblühende Freude wieder welken machen, wollte ich erst recht nicht – und so zahlte ich denn mit einem blitzblanken Fünffrankenstück, und Thomas suchte sich, vor Erregung zitternd, sein Los heraus.

Eine Erinnerung schoß mir durch den Kopf; vor mehr als einem Menschenalter war ich hier in Bern gewesen, daheim in Deutschland geisterten die Milliarden und Billionen noch – und unser Gesandter, ein Freund meines Vaters, führte mich aufs »Schänzli«, zeigte mir die rollende Kugel und schob mir fünf Franken hin, damit ich spielen sollte. Ich dachte: gleich wird's losgehen! und wollte mir, völlig unerfahren, wie ich war, einige Anweisungen erbitten – da griff schon eine Harke nach meinem Geldstück, und weg war es …

So schnell war's diesmal nicht gegangen. Ich hatte mit Bedacht bezahlt, das Los war ein sicherer Bürge ehrlichen Spiels. Thomas hüpfte vor

Vergnügen, schwenkte das Blättchen in der Hand, las es und ließ es uns abwechselnd lesen. Nur mit Mühe war er zu bereden, daß es in meiner Brieftasche am besten aufgehoben sei – oft und oft wollte er sich in der Folge davon überzeugen, daß es noch unverloren und ungestohlen dem Tag der Entscheidung entgegengehe.

Das Stückchen Papier wurde dem Buben zum Inbegriff der Schweiz, des Wohlstands und Bürgerglücks; manches Schöne, das wir auf der Reise noch sahen, sah er nur halb, dafür schwelgte er in Vorstellungen, was er mit dem Haupttreffer – denn nur um diesen konnte es sich handeln – anfangen würde. Der Goldrausch hatte ihn erfaßt, er redete uns die Ohren welk.

Geld verhärtet das Gemüt: dem kleinen Bruder wollte er nichts geben; uns Eltern aber ein Haus bauen, das liebe, dankbare Kind! Freilich, wenn er groß wäre, müßten wir, wegen Eigenbedarf, ausziehen. Mit ungeheuerlichen Funk- und Fernsehgeräten wollte er unser trautes Heim vergewaltigen – kurz, es war nicht mehr auszuhalten.

Wir kamen nach München zurück, wir erzählten Freunden und Bekannten von unserer Reise und, wie hätte es anders sein sollen, wir sprachen auch von dem Los und dem glücksnärrischen Thomas, der sich in immer wilderen Phantastereien erging, was er mit der Million alles unternehmen würde.

Die Wirkung war verblüffend: nicht nur einmal, nein, oft und immer wieder, warfen unsre Bekannten eine Frage auf, an die wir zuerst überhaupt nicht gedacht hatten: die Rechtslage! Laien holten Gründe und Gegengründe aus der Tiefe ihres Gemüts, Juristen führten erbitterte Kämpfe gegeneinander, schleppten dicke Gesetzesbücher herbei, suchten sich an Reichsgerichtsentscheidungen zu erinnern, erboten sich, bei amtlichen Stellen Erkundigungen einzuziehen; sie befragten mich hochnotpeinlich, wie sich, ganz genau, der Vorgang abgespielt habe, ob ich die Absicht gehabt hätte, meinen Sohn in den Besitz eines Vermögens zu bringen, oder nur, ohne Vorbedacht, in bedenklicher Gutmütigkeit, dem Buben eine kleine Freude machen wollte; ob der Thomas, mit fünf Franken beschenkt, selbständig gehandelt habe und somit Eigentümer des Loses geworden sei, oder ob er lediglich als der Kaufbeauftragte gelten dürfe.

Die Ansichten klafften weit auseinander. Selbstverständlich, erklärten die einen, gehöre der Gewinn den Eltern – keineswegs, ereiferten sich die andern: der Sohn sei der Besitzer des Loses und habe unumschränktes Recht auf das Geld. Für die Zeit seiner Minderjährigkeit müsse ein Vermögensverwalter bestellt werden, wozu günstigen Falles der Vater ausersehen werden könne.

Allerdings, räumten andre ein, dürfe man die Erziehungskosten und somit die Aufwendungen für einen gehobenen Haushalt aus dem gewonnenen Gelde bestreiten, was andre wieder schroff ablehnten, die eine mündelsichere Anlage forderten.

Menschen, die bei den grimmigsten politischen Händeln kalt zu bleiben pflegten, redeten sich die Köpfe heiß, und einmal mußten wir zwei Gäste, die sich ganz ineinander verbissen hatten, mit sanfter Gewalt auf die Straße drängen, wo sie, wie wir bemerkten, bis in Nacht und Nebel hinein ihren Streit forttrugen.

Es sei ferne von mir, die Leser in diesen Strudel der Meinungen hineinzureißen oder gar ein salomonisches Urteil von ihnen zu verlangen. Denn der größte Glücksfall, den wir uns – den völlig zerschmetterten Thomas natürlich ausgenommen – erwarten durften, trat ein: wir gewannen nichts!

Uraltes Spiel

»Ein Uhr hats geschlagen – und die Hex ist noch nicht da!« So begann unsre Großmutter und so mag die Urgroßmutter der Urgroßmutter schon begonnen haben, leise und gelassen, unangekränkelt von der Seelenlehre und Tiefenforschung unsrer Tage.

Die Kinder, sie hörten es gerne. Sie konnten es gar nicht genug hören, wir lauschten gruselbeklommen, und daß ich's nur gestehe, Thomas und Stefan bestürmen auch mich wieder und wieder; und schwach wie ich einmal bin, ich schlage allen wohlerkannten Erziehungsgrundsätzen ein Schnippchen, und fahre, immer noch ganz harmlos, fort: »Zwei Uhr hats geschlagen – und die Hex ist noch nicht da!«

Pause. Stefan hängt an meinen Lippen, Thomas reibt sich verlegen die Hände und die ersten wollüstigen Schauer gehen über seinen Rücken. Dumpf und drohend tönt es »Drei Uhr hats geschlagen ...« Und dann kommen, eilig, wie raschelnd und flüsternd, die nächsten Stunden – und längst noch – die Kinder wissen's – ist die Hex nicht da. »Sechs Uhr hats geschlagen« ... das klingt ganz gemütlich; ja, die Feststellung, daß die Hex noch nicht da sei, entbehrt nicht einer sachlichen Nüchternheit. Thomas und Stefan, das ist der Zweck dieser Atempause, erholen sich von ihrem wonnigen Unbehagen, aber zugleich erwarten sie fiebernd die stärkste von meinen Künsten, die volle Entfaltung aller schauspielerischen Mittel.

Dunkel wie Eulenruf, geheimnisvoll wie Unkengeläute, naht die siebente, die achte Stunde; knarrend wie Froschgeplärr, krächzend wie Rabenschrei kommt die Meldung, daß die Hexe noch immer auf sich warten lasse. Aber sie schwirrt schon in den Lüften, das merkt man an der hohlen Gespensterstimme, die die neunte, die zehnte Stunde verheißt.

Die Kinder hören es gerne – zur Tröstung der Leser sei es gesagt, denen jetzt schon das Gruseln kommt, nicht über die Hex, sondern über den mit Entsetzen Scherz treibenden Vater.

Stille, Totenstille. Elf Schläge, ganz langsam in das Schweigen geklopft – und dann, eiskalt, wie aus tiefer Winternacht, wie ein Wind, der das Fenster aufstößt: »Elf Uhr hats geschlagen –« und, nach langer Pause, tonlos, stockend: »und die Hex ist noch nicht da!«

Jetzt ist der Höhepunkt der Spannung erreicht, jetzt muß es, wenn alles gut enden soll, schnell gehen: »Zwölf Uhr hats geschlagen«, noch dumpf und gemessen – dann aber das schrille Geschrei, als ob die ganze wilde Jagd durch den Schlot hereinächze und poltere: »Und die Hex ist daaa!«

Das ist der sehnlich-grausend erwartete Augenblick, wo sich die Hexenhände kitzelnd und zwikkend und zwackend auf die quietschenden, kichernd sich wehrenden Buben stürzen. Der uralte Schluß des Textes: »Mein Lungerl, mein Leberl, wer hats gefressen? Du!« geht bereits im großen Gelächter unter, der Darsteller ist bald erschöpft, der Thomas geht zu beachtlichen Gegenangriffen über und der Stefan, wie berauscht, jauchzt: »Nochmal! Nochmal!«

Aber es ist genug – die Mammi, die mehr auf der Seite der modernen Pädagogik steht, heißt mich einen alten Kindskopf, der auch nicht mehr gescheiter wird – und der Spuk ist vorbei. Mit einem Wischer löscht die Mammi das bei Stefan noch einmal aufkichernde Feuer, und wir drei Männer erwarten still das Abendessen – denn später, kurz vorm ins Bett gehen, würde ja auch ich nicht solch frevlen Spiels mich vermessen.

Poetisches Mittagessen

Beileibe nicht immer geht es im Hause des Humoristen so lustig zu, wie es die freundlichen Leser sich vorstellen, die da glauben, der Vater dichte am Vormittag ein paar heitere Verse und schaukle sich am Nachmittag auf dem Ast, den er sich gelacht hat.

Aber auch den Verdacht der unfreundlichen Leser muß ich zurückweisen, daß, nach Abzug der launigen Schriftstellerei, für den Hausgebrauch nur ein launischer, sagen wir getrost, ein stinkgrantiger Mensch übrig bleibe, der Schrecken der Familie.

Heute jedenfalls ist ein besonderer Tag, der Studiosus Thomas ist mit leidlichen Erfolgen in seine ersten Weihnachtsferien gekommen, und auch der Abc-Schütze Stefan hat's gut getroffen.

Die drei Männer sind wieder einmal um des Vaters Schreibtisch versammelt und Thomas möchte wissen, ob Dichten eigentlich schwer sei. »Gar nicht!« sage ich, »wenn's einer kann. Wie ich so alt war wie du, habe ich schon viele Gedichte gemacht; man muß nur ein Wort suchen, das sich auf ein andres reimt. Paß auf, sogar der Stefan wird's lernen!«

Und ich fange an: »Es war einmal ein Bösewicht, der war so bös, ihr glaubt es ...« – »Hör sofort auf!« unterbricht der Stefan den poetischen Elementarunterricht, er ahnt zu deutlich, wo das Ganze hinauswill. Der stegreifdichtende Vater sucht also etwas anderes: »Es war einmal eine Maus, die saß vor ihrem ...« – »Haus!« – »Da kam mit einem Satz herzu die schwarze ...« – »Katz!« – »Die Maus zu ihrem Glück, schlüpft in ihr Loch ...« – »zurück!« – »Jetzt steht der Stefan dort und jagt die Katze ...« – »fort!« – »Und furchtlos aus dem Häuschen kommt gleich das liebe ...« – »Rotkäppchen!« sagt Stefan, unsicher lächelnd. »Aber Stefan! Erstens, das reimt sich doch nicht und zweitens ...« – »Ich weiß schon, du meinst, das Mäuschen, aber das ist doch keine Überraschung!«

Nun bedrängt mich der Thomas, ich soll's mit ihm versuchen, aber es ist Essenszeit und wir beschließen, ausnahmsweise unser Spiel bei Tisch fortzusetzen. »Paßt auf, wie da die Mammi staunt! Ich hoff', sie ist heut gut ge-« – »launt!« rufen beide jubelnd.

Wir stellen uns gleich mit einem gereimten Spruch vor: »Wir wuschen uns die Hände frisch und kommen pünktlich auch zu …« – »Tisch!« Die Mammi merkt noch nicht viel; wir müssen ihr stärker zusetzen: »Wie wir mit Vergnügen hören, gibt es Ochsenfleisch mit –« Aber das Echo bleibt aus: die Möhren kennt bei uns niemand, und auch ich habe sie nur aus Not in meinen Sprachschatz aufgenommen. Zum Ausgleich versuche ich's auf altbayrisch: »Guat hamma's heut troff'n, Buam! – Rindfleisch gibts mit gelbe …« nein, die schriftsprechende Familie hat auch dafür keinen Sinn, alle schauen mich befremdet an, und die Mammi meint liebevoll, ob ich übergeschnappt sei. Aber so schnell will ich den Spaß nicht aufgeben und warte spöttisch mit dem Vers auf: »Also, meine lieben Bübchen, sagen wir halt Gelbe …« – »Rübchen!«

Inzwischen fangen wir, schweigend, zu essen an; nur der Stefan redet drauf los, wider alle Verabredung reine Prosa. Ich beschließe also, die Dichtkunst in den Dienst der Erziehung zu stellen: »Halte, erstens, deinen Schnabel; zweitens, richtig deine …« – »Gabel!« – »Auch der Thomas nähme besser in die rechte Hand das …« – »Messer.« Es klappt vorzüglich.

Jetzt aber drehen die dreisten Buben den Spieß um und nehmen ihren Meister in die Lehre: »Das Fleisch ist heute ausgezeichnet!« sagt der Thomas und schaut mich herausfordernd an. Gleich aufs erstemal hat er mich erwischt; denn, wenn ich nicht »ereignet« drauf reimen will, was nur der alte Goethe einmal gedurft hat, weiß ich mir nicht zu raten. Und der Stefan macht sich's noch leichter, er bittet ganz scheinheilig um eine Kartoffel.

Auf den einzig gängigen Reim hilft mir meine Frau, indem sie gebieterisch sagt, es sei jetzt Schluß mit der Blödelei. Und da kann ich schnell noch das Ungereimteste zusammenreimen: »Ich stehe unter dem Pantoffel und schweige drum von der Kartoffel!«

Noch einmal wagt der Thomas, unter gestrengem Blick, das Feuerchen wieder anzuschüren: er möchte wissen, was ein Schüttelvers ist. »Ein Wortspiel«, sage ich, »schwer zu finden, schwer zu erklären ...« – »Bitte, mach einen!« – »Ich muß einmal den Ärmel schütteln, vielleicht ist einer drin! – Ihr schlingt, kaum kann's die Mutter fassen, ganz ungeheure Futtermassen!« Niemand findet das besonders witzig, und Thomas sagt: »Ich will dir nicht wehtun, aber das gefällt mir nicht!« – »Besser kann's halt der Papi auch nicht!« meint die Mammi, wobei das »auch« vermutlich ein hohes Lob sein soll. Mir aber ist doch was

Knifflicheres eingefallen, und so schließe ich das gebrauchslyrische Mittagessen unwiderruflich mit den Worten: »Steht nachher leis auf, geht gleich zum Eislauf!«

Der Dichter als Maler

Zum Malen und Zeichnen bin ich, weiß Gott, nicht geschickt; aber der kleine Stefan verlangt jeden Tag ein Gemälde von mir. »Mal Er mir die ganze Welt!« heißt es in dem alten Schulbuch-Gedicht von Balthasar Dunker, und Stefans Anspruch ist nicht viel geringer: »Mal Er erst das ganze Dorf und die Kirche drinnen!« Und davor ein Haus, das genau wie unsres aussehen muß, wehe, wenn ein Fenster vergessen ist!

Denn aus jedem Fenster muß ein Mitglied unserer Familie herausschauen. Zuvor jedoch heißt es, die nötige Landschaft hinzuzaubern, hochromantisch natürlich, aber zugleich ein für allemal bis ins kleinste festgelegt.

Im Vordergrund links ist ein See-Ufer mit landendem Dampfschiff, rechts ein Bahnhof mit abfahrendem Zug. In der Nähe des Hauses hat ein Auto zu stehen, deutlich als unser neuer Volkswagen »Philipp II« zu erkennen. Hier ist Stefan mein strenger Lehrmeister, er kennt alle Autotypen und läßt keine Verwechslungen zu.

Den Mittelgrund bildet das Haus, sowie die in Bäumen halbverborgne Kirche; mein Auftraggeber hat mich gottlob! noch nicht entlarvt, daß ich mit wucherndem Grün architektonischen Schwierigkeiten ausweiche. Immerhin, ein gotisches Fenster muß halb aus den Wipfeln lugen, damit man sehen kann, was im Gotteshaus vorgeht.

Der Hintergrund ist mit Tannenwäldern bedeckt, aus denen sich eine Alm mit Sennhütte und das wildgezackte Fels- und Eisgebirge erhebt. Ein Serpentinenweg darf nicht fehlen, er führt über die Alm hinaus zu einem Kapellchen, das von einem Glockentürmchen bekrönt ist. Auf den schroffen Alpengipfeln müssen Kreuze stehen. Und jetzt bricht eine strahlende Morgensonne, »aus technischen Gründen« genauso groß wie ein Zweimarkstück – wehe, wenn ich grad keins habe und auf Freihändigkeit angewiesen bin –, durch das Gewölke.

Stefan wendet kein Auge von all der Pracht, wie da sein schöpferischer Gott-Vater, freilich nicht ganz in der biblischen Ordnung, Himmel und Erde erschafft. Nun wird die Landschaft bevölkert: Ein Adler in den Lüften, Gemsen in den Klüften, Kühe auf der Weide, ein Hirsch am Waldrand, ein Hund auf der Straße, eine Katze auf dem Dach, ein Haifisch im See – ist auch nichts vergessen? Natürlich, das Pferd! Aber wohin mit dem Pferd? Es ist platterdings nirgends mehr Platz. Zum Glück ist da noch eine Lücke im Baumgrün, dahinter der Giebel eines Bauernhäuschens. Und da mache ich so was wie einen Stall hinein und stelle das Pferd auf – es mißglückt mir jämmerlich. Ich schließe daher mit kräftigen Strichen die Stalltür, Stefan ist einverstanden, wir beide wissen ja, daß das Pferd drin ist.

Nun erst kommt die Hauptsache: der Mensch tritt auf den Plan! Dampfschiffkapitän und Lokomotivführer, Eremit und Sennerin – und jetzt die Bewohner des Hauses! Da schaut der Papi heraus und dort die Mammi, hier der Stefan, oben der Thomas, unten die Resi und ganz rechts der Landtagsabgeordnete Zillibiller, unser Hausgenosse. Noch sind ein paar Fenster frei, es muß also noch allerhand Besuch kommen. Mein Vorrat an Personal ist erschöpft – aber auf das Schiff, in den Zug, ins Auto und auf den Zickzackweg brauche ich auch noch Leute. Schließlich fange ich zu schwindeln an, wie weiland der Erfinder der ›Toten Seelen‹. Aber ich komme nicht weit, denn Stefan weist mir haarscharf nach, daß diese Figuren bereits an andrer Stelle untergebracht sind. Nur sich selbst nimmt er aus – da hat er nichts dagegen, daß er immer wieder auftaucht, daheim und unterwegs, in mancherlei Abenteuer verwikkelt.

Denn, das muß wohl nicht eigens gesagt werden, die Zeichnung ist ja zugleich eine Art Tonfilm, und die Mahnung: »Bilde, Künstler, rede nicht!« wäre hier falsch am Platze. Wald und Wasser rauschen, Kühe brüllen, der Hund bellt, die Lokomotive pfeift, Glocken läuten ... bis uns die Mutter zum drittenmal zum Abendessen ruft.

Am andern Tag will Stefan ein andres Bild – vergebens schütze ich Zeitmangel vor und rate ihm, doch das Gemälde von gestern wieder anzuschauen. Oder ich schlage ihm ein Seestück, ein Stilleben, ein Porträt vor. Er ist begeistert – ich fange an. »Aber das Haus muß auch drauf!« ruft er. »Und die Eisenbahn! ... Und das Auto ...« Er ist der geborene Mäzen mit kleinen Anregungen ... Es wird wieder das nämliche Bild, zu Dutzenden habe ich sie gemalt, ganze Wälder von Farbstiften sind dabei draufgegangen.

Irgendwann, kein Mensch kann eine Zeit sagen, wo er noch kommt, und eine, wo er nicht mehr kommt, bleibt Stefan mit seinen Bilderwünschen aus. Andere Dinge drängen sich vor. Und die Gemälde sind bald verschollen – kein Verlust für die Kunst.

Ein Irrtum

Der sechsjährige Stefan hat gewaltig gegen seinen sechzigjährigen Vater aufrebellt. Milde Worte sind wie Tropfen auf den heißen Stein seines verhärteten Gemüts, auch kräftiges Schimpfen verrollt nur wie Echo im starren Fels seines Trotzes. Da er sich weder bei seiner Ehre noch bei seiner Vernunft packen läßt, ergreife ich seinen Schopf, die sogenannten Schmalzfedern, und während ich ihn richtig beutle, öffnen sich die Schleusen seines Herzens meinen eindringlichen Ermahnungen, er schmilzt dahin, das Weinen stößt ihn, durch Tränen schaut er mich an und hebt die Arme gegen mich auf.

Ich bin gerührt, siehe, seine Seele ist gerettet, verzeihende Liebe darf nicht länger zögern, ich beuge mich zu ihm hinunter, ich weiß, er wird sagen, schluchzend sagen, daß er wieder brav sein will – und alles ist gut.

Gleich wird er mich umarmen. Seine lieben Händchen sind schon an meinem Haupte, mein Ohr ist an seinem bebenden Munde ... Da packt er mich an den Haaren – und auch er weiß, daß sie an den Schläfen am empfindlichsten sind – und er reißt nicht schlecht an meinen ergrauenden Locken: »Meinst du, daß das nicht weh tut?« keucht er mich zornig an, und ich bin so entgeistert, daß ich ihn noch eine ganze Weile ziehen lasse, ehe ich begreife, was da vor sich geht.

Meine Frau, die auch in Erwartung einer rührenden Familienszene daneben steht, lacht laut hinaus – jeder Erzieher wird mir beipflichten, daß das das Ungehörigste gewesen ist, was sie tun konnte. Aber, so entschuldigt sie sich später unter vier Augen, noch nie habe sie ein so dummes Gesicht gesehen wie das, das ich in jenem verworrenen Augenblick gemacht habe.

Und nun frage ich euch, meine grundgescheiten, unfehlbaren Meister der Kinderzucht: was hättet *ihr* getan?

Buchstabengetreu

Dem sechsjährigen Thomas haben wir vom Christkind Pinocchios Abenteuer bringen lassen – sehr angestrengt hat es sich nicht dabei, es begnügte sich mit einer dürftigen Ausgabe, mäßig übersetzt und schlecht bebildert. Aber Thomas liebt das Buch heiß, er schleppt es überall mit sich herum, und wer ihm in den Weg kommt, muß ihm ein Stück daraus vorlesen. Am Palmsonntag jedoch gerät unseligerweise der zweijährige Stefan an das Buch, und ehe wir's bemerken und hindern können, hat er es mit stillglühendem Eifer tatsächlich in jene tausend Fetzen zerrissen, die sonst nur in dichterischer Übertreibung oder aus schriftstellerischer Nachlässigkeit herhalten müssen. Jauchzend sitzt der Missetäter in seinem Stall und berieselt sich mit den weißen Flocken, nur ein kläglicher Rest des Einbands erleichtert uns die Forschungen, was ihm da in die Hände geraten war – bei Gott, es hätte auch etwas Wertvolleres sein können!

Immerhin – wie sag ich's meinem Kinde? Wie teile ich es Thomas mit, daß das Brüderchen, der gefürchtete Spielzeugzertrümmerer, Bärenmörder und Puppenräuber, schon wieder ein solches Verbrechen auf sein blondlockiges Unschuldshaupt geladen hat?

Zum Glück fällt mir der Osterhase ein. Wir verwischen alle Spuren der Untat, helfen dem Thomas scheinheilig beim Suchen des verschwundenen Buches, und als wir uns gar nicht mehr denken können, wohin es wohl geraten war, lasse ich meinen großartigen Gedanken aufblitzen: »Am Ende hat's der Osterhase mitgenommen, weil er ein viel schöneres Buch dafür bringen will!«

Thomas will kein schöneres Buch, sondern seinen »Bengele« wieder haben, wie der Name Pinocchio verdeutscht war. Also muß ich ihm schwören, den Osterhasen dementsprechend zu unterrichten. Wie es aber so geht, ich fahre am Karsamstag in die

Stadt, ich habe viel zu besorgen, und die Läden beginnen schon zu schließen, als mir einfällt, daß ich nicht ohne Pinocchio nach Hause kommen darf, wenn nicht Ostern ein Tag der Tränen und der Unbotmäßigkeit werden soll. Selten wird ein Buchhändler einen entschlosseneren Kunden gesehen haben als mich, ausgerechnet mich, den alten Zauderer. »Haben Sie irgendeinen Pinocchio?« – »Jawohl, hier, um acht Mark fünfzig!« – »Ist recht!« Das Geld (viel Geld!) auf den Tisch gelegt, und draußen bin ich. Es ist ein wunderschönes Buch, mit Holzschnitten von Zacharias, am liebsten behielte ich es selber. Ich lege es dann aber doch auf den Ostertisch meines Sohnes.

Die erste Überraschung ist groß, der Osterhase wird ob seiner Zuverlässigkeit gelobt, und nach der ersten »Eierschwemme« rückt der Pinocchio in den Mittelpunkt der Aufmerksamkeit. Ich muß vorlesen und beginne: »Es war einmal – ein König! ruft ihr gewiß alle, wenn ihr diese Geschichte lest. Falsch geraten! Es war einmal – ein Stück Holz ...«

Weiter komme ich nicht. Thomas setzt sein überlegenstes Gesicht auf und erklärt mir, Wort für Wort genau, wie der richtige Text heißen müßte: »Es war einmal ein König – werden meine kleinen Leser sagen ...« So geht es Satz um Satz, Seite um Seite. Er kämpft um jeden Buchstaben. Und als nun der Held der Geschichte gar »Purzel«

heißt, statt »Bengele«, ist es für Thomas ausgemacht, daß er das Opfer eines schmählichen Betrugs werden soll.

Vergebens bemühe ich mich, ihm klar zu machen, daß der Pinocchio von einem Italiener gedichtet worden sei und daß das ungefähr so klinge: »Pinocchio, quando va il treno per Napoli? Posso avere una camera, quanto costa al per notta? Brutta bestia, troppo caro ...« Mehr fällt mir in der Eile nicht ein, aber es genügt, um Thomas begreiflich zu machen, daß das kein deutsches Kind verstehen kann. »Und deshalb«, fahre ich weise fort, »haben liebe Onkel und Tanten das alles auf deutsch aufgeschrieben, und es ist doch dasselbe, ob es heißt ›er hielt Ausschau nach Arbeit‹ oder ›er sah sich nach einer Beschäftigung um ...‹ und ob du ihn jetzt Purzel nennst oder Bengele, ist doch auch gleich, wir könnten ihn ja auch ›Kasperl‹ oder ›Wurstl‹ heißen.«

Mit diesem unverzeihlichen Fehler hab ich alles wieder verdorben, denn Thomas weist mir ohne weiteres nach, daß der Kasperl und der Wurstl unmöglich mit dem Pinocchio personengleich sein können. Er bringt mir ›Kasperls Abenteuer‹ und sagt mit Überzeugung: »Der Papi ist dumm!« Meine Frau spricht zwar ein Machtwort, aber damit ist wenig gewonnen. Wohl oder übel muß ich meine Belehrungen von vorn beginnen. Und endlich sind wir unter ständiger Textkritik bis zur

Mitte des Buches fortgeschritten. Schon wiege ich mich in der Hoffnung, jetzt, wo Thomas nicht mehr Zeile um Zeile überwachen kann – denn so weit war noch niemand mit ihm vorgedrungen –, jetzt also, in unbekannten Abenteuern schwelgend, müßte ich leichtes Spiel mit ihm haben.

Eine Weile geht auch alles vorzüglich, dem peinlichen Textvergleich ist der Boden entzogen, die Unterschiebung des Purzels scheint glatt geglückt, er wird ohne Widerspruch statt des hölzernen Bengeles hingenommen; die Um-Taufe ist sozusagen in aller Form vollzogen.

Aber auf die frisch getauften Heiden ist noch nie ein rechter Verlaß gewesen. Der Thomas läßt das schöne Buch unbeachtet liegen, nie kommt er mehr, ich solle ihm was vorlesen. Ich warte zwei, drei Wochen, dann frage ich ihn, so beiläufig wie möglich, wo sein Pinocchio ist. »Ich weiß es nicht«, sagt er traurig, »ich habe ihn nie wieder gefunden. Und wenn ihn der Osterhase mitgenommen hat, soll er sich nur nie wieder bei mir blicken lassen!« – »Der liebe Osterhase?« frage ich erschrocken, »der dir den wunderschönen neuen Pinocchio mitgebracht hat?« – »Der Osterhase ist gar nicht lieb! Ich will den wieder, der angeht: ›Es war einmal ein König, werden meine kleinen Leser sagen‹, weißt du?«

Alle Pädagogen und Seelenschützer sind sich darüber einig, daß man ein Kind nicht mit solchen Sprüchen wie: »Das verstehst du nicht!« abspeisen darf. Aber nirgends steht geschrieben, was ein armer, alter Vater mit leidlicher humanistischer Bildung tun soll, wenn der technische Herr Sohn, sieben oder acht Jahre alt, mit so schnödem Wort zu verstehen gibt, daß er jeden Versuch für hoffnungslos hält, dem rückständigen Greis die Eingeweide eines Radios zu erklären.

Immerhin traut mir dieser Sohn auf einigen Randgebieten noch ein bestimmtes Wissen zu. »Päppingen«, fragt er, »bei wieviel Grad schmelzt Aluminium?« – »Es heißt nicht ›schmelzt‹, Thomas, sondern ›schmilzt‹!«

»Ja, gewiß; danke! aber wir treiben jetzt nicht Wortkunde, wir reden über Leichtmetall!«

Wir haben den Thomas auf einen Autobummel ins Salzkammergut mitgenommen, obwohl es mühsam ist und kostspielig, denn auch ein Kind wird spielend mit seiner Wirtshauskost fertig und das Bett wird dadurch nicht billiger, daß der kleine Kerl es nicht ganz ausfüllt.

Aber – erstens ist es nicht ratsam, die beiden feindlichen Brüder Stefan und Thomas daheim auf einander oder gar gemeinsam auf die hilflose

Magd loszulassen, – und zweitens soll ja der Knabe allmählich die Schönheit der Heimat kennenlernen: ein voreiliger Plan, ein völliger Trugschluß, wie sich's allsobald herausstellte, denn ein Bub von acht Jahren bringt weder für liebliche Landschaften noch für alte Bauernhäuser große Gefühle auf. Es war dumm von uns Eltern, daß wir uns darüber ärgerten.

Wir fuhren mit der Gondelbahn auf einen Aussichtsberg – Thomas sah nur die Technik und schwelgte geradezu in Schilderungen der mutmaßlichen Folgen eines Seilrisses oder Bolzenbruches. Wir überquerten bei klarstem Sommerwetter den Wolfgangsee; aber Thomas beschwor in unerschöpflicher Phantasie die schwersten Gewitter herauf, deren wilde, starkstromgeladenen Blitze in das Schiff schlagen könnten. Und nun fängt es wirklich zu hageln an, mitten im glühenden, blühenden August: Es hagelt Fragen, die Thomas pausenlos auf uns niederprasseln läßt, wieviel Volt so ein Blitz hätte, falls er käme, und ob der Schiffsmast durch einen Blitzableiter gesichert sei, oder vielmehr wäre, wenn er von einem ganz starken Blitz getroffen würde, und ob wir in diesem Fall ungefährdet auf dem Verdeck stehen bleiben dürften, und wie wir einem Kugelblitz ausweichen müßten, vorausgesetzt, es käme einer über das Wasser gelaufen.

Und nun stehen wir im herrlichen Abendlicht,

in den Anblick des mächtigen und wilden Dachsteins versunken. Das einzige, was uns stört, ist eine Überlandleitung, quer über das grüne Tal gespannt. Aber gerade sie ist wiederum das einzige, das unsern Thomas mit einer nichtswürdigen Ausschließlichkeit beschäftigt. Er zupft mich am Ärmel, er tritt von einem Fuß auf den andern, er deutet mit beiden Zeigefingern: »Papi!?« – »Laß mich in Ruh!« sag ich ahnungsvoll und ärgerlich, aber er kann sich nicht halten: »Papi, wieviel Volt sind in der Starkstromleitung?«

Mir reißt die Geduld. »Thomas!« rufe ich streng, »wir stehen hier an einer Stelle, die zu den schönsten zählt, die es auf der ganzen Welt gibt! Wir haben das unwahrscheinliche Glück, einen märchenhaft schönen Sommerabend vom lieben Gott geschenkt zu kriegen – es sind schon Leute bis von Amerika und Australien eigens hierhergefahren, für einen Haufen Geld – und dann hat's geregnet und sie haben nichts gesehen als die blöden Stangen und Drähte da, die sie daheim viel billiger hätten anschauen können. Und du!? du glotzt diese scheußlichen Spinnweben an, die da irgendwelche Idioten über die schöne Erde gezogen haben, und willst wissen – weiß der Teufel, was du alles wissen willst!«

Thomas schweigt, eingeschüchtert, aber natürlich nicht überzeugt, und ich schweige auch, in dem unbehaglichen Gefühl, es grundfalsch gemacht zu haben. Wenn der junge Verfechter der Technik jetzt mit ernsthaften Gründen kommt – und ich weiß, daß er dessen durchaus fähig ist –, dann habe ich mit meinem Geschimpfe einen schweren Stand. Aber, vornehm und wohlerzogen wie er ist, hält er sich zurück – freilich, er rebelliert inwendig. Und auch mir ist eine Wolke vor das schöne Bild des Berges gezogen, wir steigen in den Wagen und fahren nach Ischl.

Dort gibt's manche Müh, bis wir, oft abgewiesen, endlich im »Goldenen Kreuz« Quartier haben, sündteuer, mit einem eignen Zimmer für den Herrn Sohn, der –, aber zum Kochen laß ich den Ärger nicht mehr kommen. Gemütlich und entspannt sitzen wir beim Abendessen, Thomas verzehrt ein großes Schnitzel mit gesegnetem Appetit, ich zünde mir eine Virginier an, trinke meinen Tiroler Roten und freue mich des geglückten Tages, der braven Fahrerin und des lieben Kindes.

Der Thomas rückt auf seinem Stuhl hin und her. »Papi!?« sagt er schmelzend, und ich ahne schon, daß er in so viel Scharm irgendwas eingewickelt hat. »Papi, jetzt, wo weit und breit keine Landschaft ist, die ich anschauen muß – da kannst du mir doch sagen, wieviel Volt so eine Starkstromleitung hat?«

Wolkenkuckucksheimlichkeiten

Stefan ist ein Phantast. Ich will gar nicht lange Ausflüchte machen, sondern gleich ehrlich bekennen, daß er das von mir hat. Ich habe heute noch mein graues Haupt voller Flausen und Hirngespinste, und wenn ich mit dem Stefan allein bin, ist noch lange nicht ausgemacht, wer von uns beiden der größere Kindskopf ist. Nur die Erfahrung habe ich voraus; so manches unsterbliche Problem, das mir der Zauberlehrling vorlegt, habe ich schon hundertmal überdacht. Ich weiß, warum die Zeitung jeden Tag genau voll wird und warum nicht plötzlich alle Münchner gleichzeitig auf dem Starnbergersee Dampfschiff fahren wollen.

Über die Kleinkinderfragen sind wir hinaus; ich muß mir nicht mehr den Kopf zerbrechen, ob ein grünes Krokodil einen roten Schwammerling fressen kann, was die Biene (und sämtliche andern Tiere) sagen würde, wenn der Stefan kommt, warum die Sonne keine Ohren hat und was ich täte, wenn im Kanal acht Haifische geschwommen kämen.

Aber was ich täte, wenn ich ein Riese wäre, mit Beinen, so hoch wie die Frauentürme, das ist heute noch tiefer Überlegung wert. »Ein Riese«, erkläre ich dem Stefan, »hätte es in unserer Zeit gar nicht mehr so leicht, wie du aus deinen Märchenbüchern liest. Die Flieger würden ihn stechen wie die Wespen und mit Kanonen ...« – »Er wäre ja unsichtbar!« wirft Stefan triumphierend ein. »Das hülfe ihm wenig, sie würden ihn mit Radargeräten anpeilen ...« Stefan ist technisch ganz auf der Höhe, er sieht sofort ein, daß ein Riese im zwanzigsten Jahrhundert einen schweren Stand hätte.

Er wendet seine Phantasie den unangreifbaren Inseln und den ganz geheimen, mit alten Schätzen und neuem Komfort ausgestatteten Höhlen zu; aber solch herkömmlicher Spielereien sind wir beide rasch überdrüssig.

Stefan hat auch höheren Blödsinn bereit: »Wenn du schon ganz, ganz müde wärst und auf dem nächsten Kilometerstein lägen zehn Mark und dann auf jedem dreimal so viel als auf dem vorigen, wie weit tätest du da noch gehen?« Während ich noch überlege, merkt er, daß die Aufgabe zu leicht ist: »Du müßtest mich auf den Schultern reiten lassen – weil ich schon zu müde wäre ...« Ich erinnere mich, wie meilenweit ich seinerzeit den Thomas noch getragen habe; jetzt könnte ich's nicht mehr. »Ich würde gleich heimgehen«, sage ich, »denn mehr als drei Kilometer könnte ich dich nicht schleppen und hundert Mark würde ich mir leichter verdienen, wenn ich eine Geschichte über deine Faxen schriebe.«

»Wer war eigentlich der Herr Einbahn?« fragt Stefan listig – und richtig, da steht »Einbahnstraße«. Er weiß es natürlich genau, aber ich sage ganz ernsthaft: »Justus Tiburtius Einbahn war ein Münchner Stadtrat, der sich zusammen mit dem Bürgermeister Sack um die Hebung des Verkehrswesens verdient gemacht hat.« Stefan ist kein Spielverderber; »aha!« meint er, und ich sage: »jetzt weißt du auch, woher die Sackstraße ihren Namen hat!«

Drollige Namen sind überhaupt seine ganze Liebe. »Wie möchtest du für tausend Mark heißen?« fragt er. »Nun, für tausend Mark höchstens Daxelhuber oder Spitznas.« Stefan steigert sein Angebot auf eine Million; und ich, für soviel Geld zu allem Humbug bereit, kratze meinen Vorrat an schauerlichen Namen zusammen: »Horribiliscribilifaxfixlaudonzaunigelhinteroberunterniederschratzenstaller!« – »Oder, was noch?« fragt er, unersättlich. »Oder: Forschepiepespinnhirndoblervielweibwitschewatschenbaumhauer!«

Von der Mammi dürfen wir uns über solchen Albereien nicht erwischen lassen. Sie möchte, auch für eine Million, nicht Schluckebier oder Denkscherz heißen, obwohl Leute mit solchen Namen herumlaufen müssen, ohne einen Pfennig dafür zu kriegen. Sie ist überhaupt gegen solche Denkscherze und natürlich hat sie recht. Ich schäme mich ja auch, sie ausgeplaudert zu haben. Aber ich hab's getan, damit sich die Vernünftigen entrüsten können – das tut doch jeder gern! – und damit die vielleicht doch vorhandenen Mitblödler sich trösten: Beichten haben immer etwas Befreiendes!

Unterwegs

Vor der Reise

Wächst Dir die Frau zum Hals heraus,
Hältst Du die Kinder nicht mehr aus,
Macht Dich der Chef – und, bist Du's selber,
Der Stift – vor Ärger täglich gelber,
Wird Dir der Stammtisch, treu und bieder,
Ganz plötzlich, Kopf an Kopf, zuwider,
Kannst Du Dein Zimmer nicht mehr sehn –
Wirds Zeit, zum in den Urlaub gehn.
Du freilich, voll Verblendung, klammerst
An Deinen Alltag Dich und jammerst;
Ausreden hast Du eine Masse,
Daß es gerade jetzt nicht passe.
Dir wird mit jedem Tage mehr
Das Herz vor Reise-Unlust schwer.
Noch nicht ganz fort – nicht ganz mehr hier:
Qualvolle Spannung zerrt an dir.
Der Zug fährt ab – und wie vom Beil
Getroffen, reißt das zähe Seil
Und jäh von Reiselust geschwellt,
Braust froh und frei du in die Welt.

Auto-Mobilmachung

Kraftfahrer sind ein Teil der Kraft,
Die Gutes will und Böses schafft.
Der beste Vorsatz wird zum Pflaster
Der Straße, führend doch zum Laster.
Wir schwörn, zu fahren, jetzt und später,
Nie mehr als sechzig Kilometer,
Zu *schauen,* ja, gar auszusteigen,
Sollt unterwegs sich Schönes zeigen –
Doch, statt wie wirs uns vorgenommen,
Schaun wir nur, daß wir weiter kommen,
Und lernen alsbald, nolens – volens,
Die heikle Kunst des Überholens;
Rasch haben wir uns angewöhnt,
Was wir doch anfangs so verpönt.
Das Auto? Einfach unentbehrlich!
Zu leben »ohne«? Kaum erklärlich!
Wie ist es fein, zu sagen: »Ja!«
Wenns heißt: »Sind Sie im Wagen da?«
Wir sind dem Pöbel nicht mehr ähnlich,
Der arm sich frettet, straßenbähnlich.
Wer erst die Macht hat, Gas zu geben,
Hat auch natürlich mehr vom Leben:
Kunststätten kann, wer fix und fleißig,
An einem Tage an die dreißig
Mitsamt den Kilometern fressen
Und gleich an Ort und Stell – vergessen.

Überfälle

Wie liegt so friedsam treuer Sitten
Ein liebes Nest in Deutschlands Mitten:
Schon rücken von der Autobahn
Kunst-Überfallkommandos an:
Die Wagen halten, Hornruf gellt.
Schlagartig wird der Ort umstellt.
Der Kirche gilt der erste Stoß:
Ein Trupp stürmt lärmend auf sie los,
Und drängt durch die romanische Pforte.
Ein Tonband schnarrt Erklärungsworte,
Ein Bild, von Grünewald gemalt,
Wird scharf elektrisch angestrahlt
Und Kunstbegeistrung, ohne Zügel,
Schwenkt des Altares schwere Flügel.
Schon ist der ganze Ort beschlagnahmt:
Beim Zuckerbäcker wird geschlagrahmt
Und alles schreit – wie eine Waffe
Das Schlagwort schwingend – »Káffe, Káffe!«
Gefüllt sind alle Mördergruben:
Die Imbißhütten, Trachtenstuben,
Die Ansichtskartenausstoß-Stellen,
Die Bier- und Coca-Colaquellen.
Dann endets jäh, wie Zauberschlag:
Posaunen, wie am Jüngsten Tag,
Wie wilden Jägers Horridoh
Zerreißen alle Freuden roh:

Signale schmettern, Rufe tönen,
Laut hört man die Motoren dröhnen.
Der Spuk zerstiebt, der Ort ist leer,
Papiere liegen weit umher …
Doch siehe da, am Horizont
Entwickelt sich die neue Front:
Mit frischen Rundreisregimentern,
Bereit, das Kirchenschiff zu entern,
Kommt nicht beglückend, doch beglückt –
Die nächste Truppe angerückt,
Den Ort im Sturm zu überlaufen. –
Papier türmt sich bereits zu Haufen …

Unterwegs

Kaum hat das Auge was entdeckt,
Schon ist es tief im Imperfekt:
»Das war doch ...?« – Ein Begeistrungsschrei! –
»Nichts mehr zu machen. Schon vorbei.«
»Blick hin, der Mondsee!« – »Sieht man den?«
»Ja, eben hättst du ihn gesehn!«
O Fahrer, schau gerade aus!!
»Sieh da, ein altes Bauernhaus!«
Wohl ist es wert, daß mans bewundert:
Noch gotisch, gegen fünfzehnhundert.
Fahr zu und wend nicht das Genick:
Zum letzten wird der erste Blick!

Daheimbleiben

Die Welt ist toll vor Reisewut,
Indes zu Haus der Weise ruht
Und lächelnd – oft auch leicht verschroben –
In das Gewühl blickt: »Laßt sie toben!«
So ist Spinoza nie gereist –
Und doch: welch weltenweiter Geist!
Auch Kant, der wunderliche Zwerg,
Kam nie heraus aus Königsberg.

»Die Welt geht« – sagte Pascal immer –
»Zugrund dran, daß in seinem Zimmer
Der Mensch nicht sitzen bleiben will!«
In Frankfurt lebte deshalb still
Der Schopenhauer samt dem Pudel;
»Wer Geist hat, liebt nicht das Gehudel.«
Von Shakespeare weiß man nichts Genau's,
Doch offenbar blieb er zu Haus –
Und zeigte allerdings auch nie
Sich stark in der Geographie,
Wußt' nicht, was jedes Kind heut wüßte:
Und schreibt ganz dreist von Böhmens Küste.
Und wo kam Schiller denn schon hin?
Die weitste Reise war Berlin!
Die Schweiz, die er so schön beschrieben,
Zu sehn, ist ihm versagt geblieben.
Die »ökonomische Verfassung«
Zwang ihn zur Reise-Unterlassung.
Die Kleinen auch, wie Vater Gleim,
Sie blieben lebenslang daheim.
Der Mörike kam nie aus Schwaben,
Wo er geboren und begraben.
Bemerkenswert auch, daß man Swift
Persönlich nur in England trifft,
Von wo aus er den Gulliver
Auf weite Reisen schickt' umher.
Auch Defoe, der als Jüngling zwar
In Frankreich und in Spanien war,
Blieb dann daheim (laut Lexikon)

Und schrieb dort seinen Robinson.
Als weitgereist denkt gleichfalls gern
Der Leser sich wohl den Jules Verne,
Der, selbst meist lebend in Paris,
Nur andre weltumreisen ließ.
Und ebenso war der Karl May,
Wie man ihm nachwies, nicht dabei.
Er machte große Reisen zwar:
Nachträglich erst, vom Honorar.
Der größte Maler, Rembrandt, kam
So gut wie nicht aus Amsterdam.
Noch könnt ich glänzen als Beschreiber
Der klassischen Zuhausebleiber,
Die, wie der Papst im Vatikan,
Nicht einen Schritt hinausgetan,
Und die oft weltfremd nur geschienen:
Die Welt kam, umgekehrt, zu ihnen!
Der cherubinische Wandersmann
Fing erst auf Erden gar nicht an:
Hoch überm lauten Weltgewimmel
Zog er geradeswegs zum Himmel.

Schloßführung

Was ist doch so ein Fremdenführer
Oft feinsten Unterschieds Erspürer!
Fast stets trifft er den Ton, den richtigen:
»Herrschaften, die das Schloß besichtigen,
Bitt höflich ich, mit mir zu gehn.
Die Leute, die es nicht ansehn,
Die können hier inzwischen warten!«
Und schon verteilt er Eintrittskarten.
Bewehrt mit Filzpantoffeln dürfen
Wir nun durch die Gemächer schlürfen,
Und schlittschuhfahrend probt die Glätte
Der Gast vergnügt auf dem Parkette.
»Erbaut im Dreißigjährigen Kriege,
Die Marmor- oder Kaiserstiege,
Die zu den obern Räumen führt!«
Das »Ah!« ertönt, das ihr gebührt.
»Rechts sehn Sie –« alle Hälse recken
Sich gleich gehorsam nach den Decken –
»Ein Bild der Venezianer Schulen:
Zeus mit der Nemosine buhlen –
Erkennbar an dem großen Busen –,
Sie gilt als Mutter der neun Musen!«
Neun Töchter, denkt man, alle Achtung –
Doch mitten unter der Betrachtung
Reißt schon, vermöge seines Winks,
Der Führer jeden Kopf nach links

Und ruft: »Bestaunt hat dies schon Goethe,
Flora begrüßt die Morgenröte!«
Auch treten wir, auf seine Bitte,
Andächtig in des Raumes Mitte:
»Der Sieg der Weisheit übers Laster,
Gemalt von Zacharias Zaster
Und hier dazu das Gegenstück:
Die Weisheit wird verhöhnt vom Glück! ...
Als ersten Prunkraum sehen Sie
Die sogenannte Galerie.
Der Lüster, allgemein bewundert,
Setzt sich aus über vierzehnhundert
Kristallglastäfelchen zusammen;
Ist jetzt elektrisch zu entflammen –
War aber dazumal noch nicht
Und man benützte Kerzenlicht.
Es folgt das grüne Kabinett,
Mit dem berühmten Hochzeitsbett!
Links: Füllungen, vergoldet Eiche,
Venus belächelt Amors Streiche!
Rechts: Venus raubt dem Mars die Waffen!
Der Künstler – sehen Sie den Affen –
Hat hier sich einen Scherz erlaubt:
Wo der Betrachter steht, er glaubt,
Daß grad auf ihn der Affe schaue.
Das Fürstenzimmer, auch das blaue,
Nach seiner Farbe so benannt,
Original-Damast-bespannt.
He, dort die Dame, nichts berühren!

Wir sind zum Ende mit dem Führen.
Beteiligen sich entsprechend viele,
Zeig ich nun noch die Wasserspiele!«
Wir freilich zählen zu den Eiligen,
Die sich an gar nichts mehr beteiligen.
Befürchtend, daß noch wasserwogisch
Man uns beschütte, mythologisch,
Entfliehn wir, zahlend unsern Zoll:
»Recht vielen Dank, war wundervoll!«
Vermutlich bis ins Greisenalter
Verfolgt uns noch der Schloßverwalter.

Fantasie

Wer durch die Welt reist, fantasielos,
Wird die Enttäuschung leider nie los:
Dem ist die Schweiz nicht kühn genug,
Die Steiermark nicht grün genug,
Das ewige Rom nicht alt genug,
Spitzbergen selbst nicht kalt genug.
Neapel ist nicht arm genug
Und Capri ihm nicht warm genug,
Marseille ist nicht verderbt genug,
Pompeji nicht zerscherbt genug,
Paris ist ihm nicht toll genug –
Kurzum, die Welt nicht voll genug

Von Wundern, die es lohnen würden,
Sich Reisemühsal aufzubürden.
Zeig ihm, du machst ihn nicht zufrieden –
Den Parthenon, die Pyramiden,
Ja, laßt ihn Indiens Zauber wählen:
Was wird er, heimgekehrt, erzählen?
Daß überall die böse Welt
Ihn um sein gutes Geld geprellt.

Ein Mensch, mit Fantasie-Belebung
Weltreisen macht – in die *Umgebung:*
Er kann, um ein paar Straßenecken,
Terra incognita entdecken
Und wird in nächsten Flusses Auen
Den Urwald und das Dschungel schauen.

Vergebliche Mühe

Wie müht der Münchner sich, den Gast –
Obwohl es Landsverrat schon fast –
Nach Schleißheim, Blutenburg zu kriegen,
Ihm Schönes weisend, mehr verschwiegen.
Der Fremdling (eigentlich zum Glück!)
Weist jeden Vorschlag schroff zurück:
»Noch nie davon jehört, ach nee,
Da fahrn wa lieber Tejernsee!«

Der Münchner, selbst begeistert manisch,
Rühmt ihm den Garten, der botanisch.
Dem Gast ist Grünzeug nur ein Graus:
»Da jehn wa besser Hofbräuhaus!«
Amalienburg! Ganz unerhört!!
Jedoch, wie er ihn auch beschwört,
Er bringt ihn hin nicht mit zwölf Rössern:
Der fährt *doch* nach den Königsschlössern!
So liegt ein großer Trost darin:
Wo Fremde sind, gehn Fremde hin!

Haltung

Weh dem, der unterwegs geneppt,
Den Ärger ständig mit sich schleppt!
Was du bezahlt, verdau's auch seelisch,
Statt daß du's wiederkäust, krakeelisch.
Im Omnibus von Tegernsee
Dem schlechten, teueren Kaffee
Noch nachzuzählen seine Bohnen
Bis München, dürfte kaum sich lohnen;
Die schöne Strecke Innsbruck-Wörgel
Sich zu verderben durch Genörgel
»Zwölf Schilling für den Schlangenfraß!«
Ist auf die Dauer auch kein Spaß.
Seht dort die Landschaft: wie im Märchen!

Drin – offenbar! – ein Liebespärchen.
O dürften wir den Worten lauschen,
Die diese zwei – vermutlich – tauschen!
Doch nein! der Mann verdrossen spricht:
»Gut war die Wurst in Garmisch nicht!«
Drauf sie, ins Farbenspiel versunken,
»Die hat ja beinah schon gestunken!«
Nun beide, dumpf ins Abendfeuer:
»Und dabei unverfroren teuer!«
Der Mann, bezwingend sich mit Mühe,
Stellt fest, wie schön es alpenglühe.
Doch sie, nicht zum Verzeihn noch willig:
»Hier kriegt man überhaupt nichts billig!«
An Wurstvergiftung geht zugrunde
Die große Sonnen-Abschieds-Stunde.

Der Unschlüssige

Ein Mensch, zum Bahnhof dauerlaufend,
Mit Seitenstechen, mühsam schnaufend,
Sieht auf die Uhr, es wird zu knapp –
Und augenblicklich macht er schlapp:
Enthoben seinem höhern Zwecke,
Schleicht er jetzt lahm wie eine Schnecke;
Nimmt immerhin sich seine Karte,
Daß er den nächsten Zug erwarte.
Und sieht – und meint nicht recht zu sehn –
Den Zug noch auf dem Bahnsteig stehn.
Mit seinen letzten Lebensgeistern
Hofft er nun, doch es noch zu meistern;
Setzt an zum Endspurt im Galoppe;
Voll Angst, daß doch das Glück ihn foppe,
Läßt jäh er sinken Mut und Kraft. –
Bis er sie wieder aufgerafft,
Vergehn Sekunden, tödlich tropfend.
Der Mensch, mit wilden Pulsen klopfend,
Fragt sich im Laufen, ob er träumt:
Der Zug, den er, an sich, versäumt,
Steht noch – gesetzt den Fall, er sei's! –
Ganz ungerührt auf seinem Gleis.
Doch eh der Mensch sich noch im klaren,
Beginnt der Zug jetzt, abzufahren.
Der Mensch kann noch die Tafel lesen:
Jawohl, es wär sein Zug gewesen.

Das Kursbuch

Ein Mensch ist der Bewundrung voll:
Nein, so ein Kursbuch – einfach toll!
Mit wieviel Hirn ist das gemacht:
An jeden Anschluß ist gedacht:
Es ist der reinste Zauberschlüssel –
Ob München – Kassel, Bremen – Brüssel,
Ob Bahn, ob Omnibus, ob Schiff –
Man findet's leicht – auf einen Griff!
Dabei sind auch noch Güterzüge
In das verwirrende Gefüge
Des Fahrplans ständig eingeschoben!
Die Bahn kann nicht genug man loben!
Der Mensch, in eitlem Selbstbespiegeln,
Rühmt sich, dies Buch mit sieben Siegeln
Zu lesen leicht, von vorn bis hinten,
Trotz seiner vielbesprochnen Finten.
Schon fährt der Mensch nach Osnabrück
Und möcht am Abend noch zurück:
Und sieht, gedachten Zug betreffend,
Erst jetzt ein kleines f, ihn äffend;
Und ganz versteckt steht irgendwo:
»f) Zug fährt täglich, außer Mo.«
Der Mensch, der so die Bahn gelobt,
Sitzt jetzt im Wartesaal und tobt.
Und was er übers Kursbuch sagt,
Wird hier zu schreiben nicht gewagt.

Voreiliger Dank

Ein Mensch, ein fremder, läßt sich gern
Belehrn im Zug von einem Herrn,
Wie er, in Duisburg ausgestiegen,
Nach Hamm den Anschluß könnte kriegen.
Der Herr erscheint dem Menschen endlich,
Er dankt ihm heiß und überschwänglich
Und denkt in Duisburg, ganz verliebt:
Was es doch nette Menschen gibt!
Er eilt – noch immer dankend froh –
In Duisburg auf den Bahnsteig zwo
Und harrt, vertrauensvoll und stramm,
Auf den versprochnen Zug nach Hamm.
Ein Schaffner, endlich doch befragt,
Schaut groß den Menschen an und sagt,
a) ob er denn nicht könne lesen,
b) wer denn dieser Herr gewesen,
Und c) es sei ein rechter Jammer,
Grad sei davon der letzte Hammer,
Und zwar auf Bahnsteig Nummer sieben.
Und sieh: Das Bild des Herrn, des lieben,
Ertrinkt in Wut und Rachedurst:
Ein Trottel ist er, ein Hanswurst,
Und vieles noch, was jedermann
Aus eignem Vorrat schöpfen kann.
Der Mensch denkt jahrelang des Duis-
Burg-Bahnhofs noch und dieses Pfuis.

Der Abschied

Ein Mensch, der fort muß – was oft schmerzlich,
Nimmt von dem Freunde Abschied, herzlich.
Sie drücken mannhaft sich die Hände;
Fast werden beide weich am Ende,
Indem sie auseinander gehen:
»Wann werden wir uns wiedersehen?«
Nach Jahr und Tag, in fernem Land?
Nein – gleich am nächsten Zeitungsstand!
Sie ziehen, schon verschämt, den Hut:
»Nochmals ade – und mach es gut!«
Und gehn, der hierhin und der dort,
In ganz verschiedner Richtung fort.
Doch ists damit nicht abgetan:
Man trifft sich in der Straßenbahn,
Woselbst man sich, quer durch die Stadt,
Im Grund nichts mehr zu sagen hat.
Der Mensch, bevor er nun verreist,
Hätt' gern noch irgendwo gespeist.
Doch, wie er so den Raum durchstreunt, –
Wer sitzt dort schon? Sein guter Freund!
Der Mensch, davon nicht sehr entzückt,
Hat still und grußlos sich gedrückt,
Und hat, nur durch die Flucht, vermieden
Sich noch einmal verabzuschieden.
Moral: Wenns schon, mit Schmerz, sein muß,
Dann einmal Lebewohl und Schluß!

Der Bummelzug

Ein Mensch, wie aus dem Ei gepellt –
Man sieht sofort, ein Mann von Welt –,
Steht nun, seit fünf Minuten schon,
Auf einer kleinen Station,
Und denkt, voll Zorn bis in die Nas':
»Ha! Nur in Bayern gibts so was!«
Jetzt endlich streckt, auf sein Geklopf,
Der Mann zum Schalter raus den Kopf.
»'s pressiert nett « sagt er zu dem Herrn.
»Der Zug? Nach sechse kommt er gern.«
Und rät ihm, menschlich, voll Vertrauen,
Derweil die Gegend anzuschauen.
Der Mensch, zur Wut selbst zu verdutzt,
Hat unversehns den Rat genutzt
Und sieht, als wärs zum erstenmal,
Im Abendglühen Berg und Tal;
Er sagt, vergessend seine Eile,
Zum schönen Augenblick: »Verweile!«
Und schaut sogar der braven Kuh
Voll Andacht bei verschiednem zu ...
Von fern Geschnauf und Ratter-Ton –
Der Mensch denkt ganz verzaubert: »Schon?«
Und nimmt kaum wahr, geschweige übel,
Die Trödelei der Millikübel.
Ein letzter Blick – ein Pfiff – und munter
Gehts weiter, wald- und nachthinunter.

Der Mensch, gezwungen so zum Feiern,
Träumt oft noch von dem Tag in Bayern.

Platzwahl

Ein Mensch, am Zuge vor der Zeit,
Trifft leere Wagen weit und breit.
Er setzt sich hier, er setzt sich dort
Und geht dann zögernd wieder fort.
Bald ist ihm dies, bald das nicht recht:
Der beste Platz ist ihm zu schlecht.
Nachdem er alles scharf beäugt,
Ist er nun gramvoll überzeugt –
Und auf der ganzen Fahrt gequält –,
Er habe doch nicht gut gewählt.
Ein andrer Mensch kommt spät, verhetzt:
Der Zug ist übervoll besetzt.
Doch sieh: ein Plätzchen ist noch frei!
Der Mensch tut einen Jubelschrei
Und zwängt, durchströmt von solchem Glücke,
Sich kurzentschlossen in die Lücke.
Er freut sich auf der ganzen Fahrt,
Daß Gott sie für ihn aufgespart.

Platzangst

Ein Mensch, beim Neon-Lampenschein,
Im Eilzug sitzt er, ganz allein.
Dem billigst-besten Zug der Welt,
Den je die Bahn in Dienst gestellt.
Stumm flehen hundert leere Plätze,
Daß irgendwer sich auf sie setze,
Weil dieses a.) der Plätze Sinn
Und b.) der Eisenbahn Gewinn.
Jedoch der Zug, der leere, bleibt
Ganz unbemannt und unbeweibt;
Die Mitternacht ins Fenster schaut –
Es braust und saust gespensterlaut!
Der Mensch, nun schon von Angst getrieben,
Steht auf von seinem Platze sieben
Und setzt sich, reihum wechselnd fleißig,
Hier auf Platz zwölf, dort auf Platz dreißig
Und wandelt überall herum,
Um vorzutäuschen Publikum.
Der Mensch, der sieht, daß ers nicht schafft
Mit seiner einen schwachen Kraft –
Fängt bitterlich zu weinen an,
Aus Mitleid mit der Bundesbahn.

Die andern

Du möchtest gern alleine wandern –
Doch ständig stören dich die andern.
Auch du bist – das bedenke heiter! –
Ein andrer andern, und nichts weiter.

Arme Reisende

Wir kleinen Reisenden von heute,
Was sind wir doch für arme Leute!
Genötigt, durch die Welt zu rennen,
Von der uns meistens Welten trennen!
Ein Handbuch ist dann besten Falles
Auch wirklich unser Ein und Alles;
Im Ausland gar stehn dumm und stumm
Als wahrhaft Fremde wir herum;
Von Kellnern einzig angesprochen,
Verbringen wir die Reisewochen
Mit »Bitte« – »Danke!« – in der Früh:
»Kaffee!« und mittags bloß »Menü!«
Dem Hausknecht sagen wir nur knapp
Und mühsam: »Morgen reise ab!«
Einst zog man aus des Koffers Tiefe
Die prächtigsten Empfehlungsbriefe!

Ach, hätt man heut die Briefe auch:
Man machte kaum davon Gebrauch!
Gesetzt, daß der Geheimrat Goethe
Uns ehrenvollen Willkomm böte
Und ins Hotel uns ließe sagen,
Bei ihm zu essen, in drei Tagen –
Wir gäben Antwort: »Keine Zeit,
Da sind wir schon, weiß Gott, wie weit!«
Für Weimar sind – würd er's verstehn?
Ja nur zwölf Stunden vorgesehn!
Wir reisen in der Welt herum,
Als wär sie ein Panoptikum.

Abschied

Schon in der Schule lernten wir:
»Partir – toujours un peu mourir!«
Am schlimmsten sind die zehn Minuten,
Wo wir am Bahnsteig uns verbluten.

Individualisten

Willst widern (Fremden-)Strom du schwimmen?
Träumst du vom Reisen-Selbstbestimmen?
Willst du nicht mit der Herde blöken?
Ja, möchtst du widern Stachel löken? –
Heut ists so weit: wer einzeln reist,
Wird abgeschubst und abgespeist;
Zur *Hochsaison* die ganze Welt
Scheint hoffnungslos vorausbestellt:

»Hier! Platz!!« ruft in der Bahn man freudig,
Doch wird man fortgejagt, wie räudig,
Weil, wie man jetzt erst merkt, die Wagen
Geheimnisvolle Zeichen tragen,
Draus man ersieht, es säße hier
Nur Reisegruppe Käsebier.
Dasselbe man erfahren muß
Bei Bergbahn oder Omnibus.
Man schlägt vor uns die Türe zu,
Wir sind nicht von der »Reiraru«,
Der Gilde »Reise rasend rund« –
Die Abfuhr ist uns nur gesund!

Nach Hirschbühl bist du oft gefahren. –
Dort steht, dir schon aus Kinderjahren
Bekannt und seither unvergessen,
Ein Wirtshaus – recht zum Mittagessen.

Du sitzt und du bestellst auch schon –
Da fragt der Kellner nach dem *Bon*
Und eh du recht begriffen hast,
Wieso, bist du schon nicht mehr Gast;
Und grimmig schaut dich jedermann
Für einen dreisten Burschen an,
Der hinzusetzen sich erkeckt,
Wo für den Stammgast schon gedeckt!

Du wanderst, wie ein Handwerksg'sell,
Demütig schon: – »Vertragshotel!«
»Werkheim!« ... und selbst die »Alte Post«
(Jetzt »Stafag«) nimmt dich nicht in Kost
Und gibt nur mürrische Belehrung:
»Für Freitouristen keine Zehrung!«
Wann gibst du's auf wohl, du Verwegener?
Ein Ort grüßt jetzt, ein schön gelegener.
In Ruhdorf, endlich, hast du Ruh –
Ja, lieber Wandrer, das meinst *du!*
Doch fragend, wo man übernachtet,
Hörst du, der Ort sei ganz verpachtet!
Und bis in den November sei
Hier überhaupt kein Zimmer frei.
Drum lasse dir geraten sein,
Mensch, reise nur noch im Verein,
Als Mitglied, Kunde, Stamm, Belegschaft,
Damit man dich nicht einfach wegschafft
Als störenden Allein-Touristen,
Der nirgends steht auf ihren Listen.

Ein Erlebnis

Ein Mensch, der kürzlich ganz privat
Spazieren gehn in München tat,
An Leute aus Versehn geriet,
Die standen wo, in Reih und Glied.
Der Mensch wollt ahnungslos vorbei –
Doch schon erhob sich ein Geschrei
Und drohend wurde er gebeten,
Bei seiner Gruppe einzutreten.
»Wie?« denkt der Mensch, »das ist mir schnuppe,
Ich? Ich gehör zu keiner Gruppe!«
Er protestierte – doch vergebens:
Schon ward, trotz seines Widerstrebens,
Der Mensch mit abgezählt zu vieren
Und – Zeit war keine zu verlieren –
Nach Berchtesgaden abgerollt – –
Wo er ja gar nicht hingewollt.
Dort ward er pausenlos und stramm
Mit abgewickelt im Programm,
Mit allen Sorten von Vehikeln,
Daß, selber sich herauszuwickeln,
Der Mensch nicht fand den rechten Kniff:
Er fuhr mit Bahn, Bus, Lift und Schiff;
Und hat zum Schluß, schon halb betäubt,
Sich auch nicht länger mehr gesträubt.
Als unfreiwilliger Ersatzmann
Sah er den Königssee und Watzmann

Und ward auch, gegen Mitternacht,
Nach München heil zurückgebracht.

Sinn des Reisens

Die Meinung von den Reisezwecken,
Wird sich durchaus nicht immer decken,
Wie große Zeugen uns beweisen:
Man reise wohl, nur um zu reisen,
Meint Goethe, *nicht* um anzukommen.
Begeistrungskraft, genaugenommen,
Sei der ureigenste Gewinn.
Montaigne sieht des Reisens Sinn
Nur darin, daß man wiederkehrt.
Darauf legt auch Novalis Wert;
Er drückt es ungefähr so aus:
Wohin wir gehn, wir gehn nach Haus!
Doch Seume, der – und zwar zu Fuß! –
Spazieren ging nach Syrakus,
Sah geistig-sportlich an die Dinge:
»'s würd besser gehn, wenn man mehr ginge!«

Anekdoten

Der Ruhm

Georg Steinicke, der gemütvolle Inhaber einer Künstlerkneipe im Norden der Stadt München, im berühmten Schwabing also, bekam eines Tages ein Schreiben, darin sich, voll Überhebung und Armseligkeit zugleich, ein Sänger erbot, gegen eine entsprechende Vergütung aufzutreten, was man ihm um so weniger abschlagen dürfe, als er, wie ja auf dem Kopfbogen seines Briefes gedruckt zu lesen sei, sich durch Gastspiele in Nabburg, Ingolstadt, ja selbst in Ulm an der Donau einen Namen gemacht hätte. Zeitungsausschnitte, die seinen vollen Erfolg bestätigen, wolle er auf Wunsch gern vorlegen.

Der Wirt ließ, zuerst mehr des Spaßes halber, den Sänger kommen, und fand in ihm einen angenehmen, weißhaarigen Greis, von Not heimgesucht, aber nicht gebrochen, ja, in aller Großsprecherei von einer geradezu edlen, kindlichen Einfalt, einem Vertrauen in die guten Kräfte der Welt, daß er ihn nicht zu enttäuschen wagte, sondern ihm erlaubte, ungeprüft sich am nächsten Samstag einzufinden. Er wußte, daß in vorgerückter Stunde, bei heiterer Stimmung seine Gäste es mit den Darbietungen nicht mehr allzu genau nahmen, ja, daß oft genug aus ihrer Mitte einer auf die Bretter stieg, um ohne allzu viel Anspruch etwas vorzutragen; warum sollte er nicht auch dem alten Herrn das Vergnügen machen, ein bißchen mitzutun. Ein Schoppen Wein und ein paar Mark als Ehrensold würden schließlich auch die Welt nicht ausmachen.

Der Sänger freilich sah die Sache bedeutend ernsthafter an, feierlich erschien er in seinem abgetragenen Frack, verging schier in Lampenfieber und zugleich in Begierde, vor die zahlreiche, wohlgelaunte Hörerschaft zu treten, unter der gerade heute neben Kunstjüngern, Studenten und kleinen Mädchen ein paar ältere Männer saßen, erfolgreiche, berühmt gewordene, die an diesem Abend nichts wollten, als kindlich vergnügt sein und die – gerade, als der alte Mann auf die Bühne trat und zu singen anhob – die ersten Gläser anklingen ließen. Ein Gott mochte ihm eingegeben haben, daß er nicht, wie er es vorgehabt, eine Löweballade sang, auch nicht den ›Lenz‹ von Hildach oder sonst ein verschollenes Paradestück, sondern ein italienisches Lied, ein Volkslied: »O si o no …« Er sang es nicht gut, besser konnte er es nicht. Er gab es zum besten, wie man so sagt, und zum besten hielten ihn nun auch die Zuhörer in ihrer tollen Laune; sie dankten ihm mit einem reichen, einem stürmischen, einem tobenden und tosenden Beifall.

Aber der Sänger war glücklich! In seinem Kindergemüt stieg nicht der leiseste Verdacht auf, dieser Jubel könnte nicht echt sein; er verneigte sich, lächelte, ja er leuchtete vor Dankbarkeit. Die Menschen drunten spürten diesen wahrhaften Widerschein ihres Spottlobs, es rührte sie geheimnisvoll an, wie selig der Greis da oben war, und als er nun nochmals sang und ein drittes Mal, da war keiner unter den Gästen, der dem Alten hätte wehtun wollen. Sie rührten ihre Hände kräftig, es war nun schon wirkliche Anerkennung in ihrem Zuruf, ja einer der Herren von dem Tisch der Berühmten hielt eine kleine witzige Ansprache, eine herzliche Begrüßung bot er dem neuen, dem spät entdeckten Maestro. Er legte, taktvoll genug, einen Geldschein auf einen Teller, andere taten das Ihre dazu, und der Herr überreichte die kleine Summe dem Sänger, der nun seinerseits das Wort ergriff, um das hohe künstlerische Verständnis zu rühmen, das ihm, wie nicht anders zu erwarten war, der feinsinnige Kreis edler Menschen entgegengebracht. Für das Geld aber danke er vor allem im Namen seiner Frau.

In diesem Augenblick sahen alle, die sehen konnten, die bittere Not, die hinter diesen Worten stand; sie sahen, wie schäbig sein Frack war, wie hohlwangig und vergrämt er selber erschien unter dem flüchtigen Glanz seiner Freude. Und da schämte sich mancher, daß er nicht eine Mark mehr auf den Teller gelegt hatte.

Nur einem hohen Einverständnis Fortunas ist

das Gelingen einer solchen Spannung zu danken. Es steht auf Messers Schneide, und der wilde Übermut einer heiteren Gesellschaft weidet sich in mitleidlosem Gelächter an der Verwirrung und Scham eines hilflosen Alten, der sich vermessen hat, ihr Urteil herauszufordern. Die Musik der Herzen aber, die hier so schön erklang, daß sie den bescheidenen, ja mangelhaften Gesang des alten Mannes übertönte, kam aus dem kindhaft reinen Ton seiner Seele, einem unbeirrt tapferen Ton, an dem sich der ganze Chor, wenn wir so sagen wollen, hielt, da er schon falsch singen wollte.

Der greise Sänger jedenfalls ging an diesem Abend heim in der schönsten, in der seligsten Täuschung seines Lebens. In dem feurigen Bericht, den er spät noch seiner kummervoll und ungläubig wachenden Frau gab, vermischten sich die bescheidenen Erfolge seiner mühseligen Laufbahn, die vermeintlichen Siege von Nabburg, Ingolstadt und Ulm an der Donau mit dem späten, aber noch nicht allzu späten Triumph in der Hauptstadt selbst; und an diesen ersten Schritt auf einer ihrer kleinsten, aber erlesensten Bühnen knüpfte er die verwegensten Hoffnungen, als stünde er am Anfang seines Weges und nicht am Ende.

Er stand aber näher an des Grabes Rand, als er selbst wußte; und dies war sein letztes und volles Glück. Denn wenn es schon eine Gunst der Stunde war, daß einmal solche Verwandlung gelang, wie müssen wir fürchten, daß bei einem zweiten, einem dritten Auftreten der schöne Wahn zerreißen muß! Und doch: Das Unwahrscheinliche wurde noch einmal möglich und noch einmal. Der Kreis der Stammgäste, wie in einem stillen Einverständnis, dem alten Manne seine Freude zu lassen, zog einen schützenden Ring um ihn, und als einmal ein angeheiterter Neuling roh diesen Bann sprengen wollte, ward er empfindlich zurechtgewiesen.

Und doch drohte dem Gefeierten gerade von seinen Freunden das vernichtende Unheil: Durch seine Sicherheit, die durch nichts mehr zu erschüttern schien, kühn und sorglos gemacht, gedachten sie bei nächster Gelegenheit das gewagte Spiel auf die Spitze zu treiben. Mit Lorbeerkränzen, Ansprachen und Ehrungen ungeheuerlichster Art wollten sie den siebzigsten Geburtstag begehen und hatten, alles noch in der besten Absicht, für ihren Schabernack gerüstet. Sie warteten jedoch an diesem Abend vergeblich, der Jubilar blieb aus.

Wie der Wirt anderntags erfuhr und es bei nächster Zusammenkunft seinen Gästen mitteilte, war der Greis, schon im Frack und zum Gange zu seinem Ehrenabend gerüstet, vom Schlage getroffen worden, gerade als er auf den sechsten und letzten Briefkopf, den er noch besaß, mit schöner, zierlicher Hand unter die Anpreisungen verschollener Gastreisen geschrieben hatte: »Mitglied der Schwabinger Künstlerspiele« – als wäre damit ein Ziel erreicht, wert und überwert der Mühsale und Opfer, der Demütigungen und Entbehrungen eines siebzigjährigen Lebens.

Unter falschem Verdacht

Daß es lustig ist, wenn wo eingebrochen wird, kann kein Mensch behaupten. Der Zufall aber, in seiner tollen Laune, macht aus der ärgerlichsten Geschichte närrische Possen, die nach Jahren noch des Erzählens wert sind.

Unser Nachbar, der Professor Karpf, ist noch nicht gar so alt, an die sechzig vielleicht. Aber schwerhörig ist er, mit dem halb einfältigen, halb mißtrauischen Lächeln der Tauben – das macht den Umgang mit ihm mühsam und läßt ihn hinfälliger erscheinen, als er wirklich ist. Er hat uns schon während des Kriegs zur Verzweiflung gebracht, im gemeinsamen Luftschutzkeller, wenn er mit törichtem Grinsen fragte: »Sind sie fort?« – in dem Augenblick, wo unter schweren Würfen die Wände wackelten.

Vielleicht haben auch die Einbrecher gewußt, daß der Professor nichts hört und einen gesunden

Schlaf hat – jedenfalls machten sie ihre Sache gründlich und waren dreist genug, auch noch die Kleider des friedlichen Schnarchers aufzuraffen und mitzunehmen, ehe sie durch die von innen leicht zu entriegelnde Haustüre verschwanden. Sie hatten sich, als Leute vom Fach, auf das Erdgeschoß beschränkt, niemand hatte sie von droben gehört, die Untermieter nicht, die Magd nicht, die Frau Professor nicht und der Hausbesuch auch nicht.

Diesen Hausbesuch, eine noch guterhaltene Endvierzigerin mit zwar stark verwischten, aber einem argwöhnischen Auge immer noch erkennbaren Spuren früherer Feschheit, hatte die Frau Professor ungern genug bei sich aufgenommen, aber in jenen Nachkriegsjahren, wo nirgends ein Unterkommen zu finden war, konnte sie es ihrem Mann nicht gut abschlagen, eine durchreisende Bekannte – »Freundin? Wo denkst du hin?« hatte er gesagt – zu beherbergen; sie hatte letzten Herbst dem Professor ja auch in Köln so reizend bei sich Quartier gegeben, eine Begründung, die stichhaltig in jeder Hinsicht war ...

Und der heftigste dieser Stiche ging der Frau Professor mitten durchs Herz, als sie, am andern Morgen die Treppe heruntersteigend, ihres Gatten Unterhosen auf dem Flur liegen sah, offensichtlich bei eiligem und heimlichem Nachtmarsch durch das Haus verloren.

Über das Ziel dieser Wanderschaft brauchte die wutwabernde Ehefrau nicht lang nachzudenken, diese Person hatte sie ja sofort durchschaut, und es mischte sich Wonne in ihr Weh, daß sie mit ihrem Verdacht recht behalten hatte.

Hingegen hätte sie ihren Gatten einer solchen Untat in mehr als einer Hinsicht nicht für fähig gehalten; sie wunderte sich über die Häufung von Gemeinheit, Taktlosigkeit und Dummheit, mit der er diesen selten klaren Fall von ertappter Untreue in Szene gesetzt hatte, und wieder schwoll über alle Bitterkeit ein Glücksgefühl, daß ihr der Beweis so leicht und die Rache so süß gemacht worden war.

Sie zeigte sich fest entschlossen, diese Rache so kalt wie möglich zu genießen. Leise schlich sie in das Zimmer ihres Mannes – was sah sie? Die Hosenträger waren in die Tür geklemmt. Hatte denn der alte Sünder völlig den Kopf verloren gehabt? Vermutlich war er soeben erst, unheilvoll verspätet, in sein Zimmer zurückgekehrt, vom Entsetzen gejagt, sie, seine Frau, sei ihm bereits auf den Fersen. Da lag er nun und stellte sich schlafend, großartig machte er das, aber sie ließ sich nicht täuschen. Und wo waren denn seine Kleider, sein Rock, seine Hose? Seit dreißig Jahren hatte er sie über den Stuhl gehängt, und heute waren sie nicht da. Um so schlimmer – um so besser: Dieser verworfene Bursche, dieser weibstolle Schürzenjäger hatte sich nicht entblödet, seinen Anzug droben bei diesem – nein, die Frau Professor schreckte vor dem häßlichen Wort nicht zurück, es war ihr eine Wohltat, es laut auszusprechen, zu wiederholen, als Rezitativ zuerst und als Arie zuletzt, im Bewußtsein der tragischen Bombenrolle, die ihr da zugefallen war.

Der Leser weiß es, er hat leicht lachen, aber die Frau wußte es nicht, sie überlegte, ob sie den Heuchler, der sich da frech schlafend stellte, mit Donnerstimme wecken sollte, oder ob es noch großartiger war, hinaufzugehen, zu rauschen, das Zimmer der Elenden mit dem kalten Glanz des Triumphes zu überschwemmen und dieser Potiphar mit wortloser Vernichtung das Gewand zu entreißen, das ihr unkeuscher Josef in ihren Händen gelassen hatte.

Da jedoch ihr Mann in diesem Augenblick erwachte, blieben ihr weitere Überlegungen erspart. Der alte Wüstling, auf den sie sich jetzt mit zornigen Worten stürzte, spielte seine Rolle mit einer empörenden Unverfrorenheit weiter. Er stellte sich noch tauber, als er war, er tat, als begriffe er überhaupt nicht, was sie von ihm wollte.

Nun denn, zum leise reden war ja dann kein Anlaß mehr. Die Frau Professor schrie, daß wir es im Nachbarhaus noch hören konnten – nicht alles, natürlich, aber einzelne Schimpfworte, Posaunenstöße einer entfesselten Wut. Dann vernahmen wir ein ungeheures Gelächter des Professors, Paukenschläge eines grimmigen Humors. Eine tiefe Stille folgte und nun, aus einer völlig anderen Tonart, ein entsetzliches Heulen, wie mit gestopften Hörnern geblasen.

Und dann kam auch schon die Magd herübergelaufen und jammerte, bei ihnen sei heute nacht eingebrochen worden. Natürlich gingen wir gleich hinüber, später kam auch die Polizei, und es stellte sich heraus, daß viel, viel mehr fehlte als die Kleider des Professors. Ich habe aber den Verdacht, daß die Frau diese Verluste leichter verschmerzt hat als ihre Niederlage in dem Augenblick, wo sie den bittersüßen, den sicheren Triumph in der vollen Würde ihrer Schmach auszukosten willens war. Jedenfalls, diese Person haßte sie von Stund an glühender als zuvor – und es ist ja wohl auch die empörendste Frechheit, die handgreiflichsten Beweise auf sich zu versammeln und es dann einfach nicht gewesen zu sein.

Die Memoiren

Bei einem Festessen in den zwanziger Jahren kam ich neben einen fröhlichen Greis zu sitzen, der mich aus kleinen wasserblauen Äuglein überaus freundlich anschaute. Soeben erst hatte uns ein Dritter miteinander bekannt gemacht, und ich war eifrig bemüht, ihn wechselnd mit seinen verschiedenen Titeln anzureden; aber schon nach der Suppe – oder waren es die drei Glas Portwein, die er dazu getrunken hatte? – hielt er mir die Hand hin und schmunzelte: Sie gefallen mir, junger Mann, also sagen S' einfach Leitner Franzl zu mir, das geht viel schneller. Wissen S', ich bin siebenundsiebzig Jahr alt, da kann man sich schon wieder das Gemütlichwerden erlauben! – Also, ich schlug ein, denn der Jubelgreis war wirklich ein reizender Kerl. Bedenklich war nur, daß er von einer unheimlichen Gesprächigkeit wurde, sozusagen die Joppe auszog und in einen immer urgemütlicher werdenden Ton fiel. Schließlich beim Sekt fiel er weitum durch den herzlichen Überschwang seines nicht mehr ganz guten Betragens auf. Er hatte mir jetzt schon hundertmal die Hand geschüttelt und mich aufgefordert, ihm in die Augen zu schauen: Wissen Sie, ich bin der Leitner Franz! Da werden keine Sprüch gemacht von Ministerialdirektor, nein, junger Freund, das ist gar nicht wichtig! Solche gibt es genug, aber wenn ich einmal sterb, dann ist der Leitner Franzl nicht mehr da, und das ist ein Original! –

Das kam mir wahrhaft auch so vor, aber mein Lächeln schien ihm nicht kräftig genug gewesen zu sein, denn er griff neuerdings nach meinen

Händen, wobei der ganze Tisch in Gefahr kam, und sagte unheimlich nah in mein Gesicht hinein: Sie sollten mich erst näher kennenlernen! Das kann Ihnen jeder bezeugen! Der Leitner Franzl ist ein Original! Ja und wissen S', ich bin ein alter Jäger, und ich bin weitum bekannt gewesen und bin es heut noch. Aber Sie haben keine Ahnung, junger Freund, mit was für berühmten Leuten ich schon beisammen war!

Ich horchte auf. Eine Fundgrube von Anekdoten mußte das ja sein, ein Mann von siebenundsiebzig Jahren, der von Amts wegen, am Stammtisch und auf der Jagd so viele bedeutende Menschen kennengelernt hatte! Mein Herz schlug ihm in Erwartung entgegen. Und richtig, er fing zu erzählen an: Wissen Sie, der Thoma Ludwigl, das war ein ganz Spezieller von mir, ein lieber Mensch, den hätten S' kennen sollen. Von dem könnt ich Ihnen allerhand Gschichten erzählen! – Thoma-Anekdoten, jubelte ich im stillen und machte die Ohren weit auf. Er aber ergriff nachdenklich sein Glas und sagte: Jetzt ist er aa schon tot ... ja, allerhand Gschichten! – Ein bißchen enttäuscht ehrte ich doch die Wehmut des Greises und hoffte auf anderes. – Das hätten Sie auch nicht gedacht – fing er in neuer Frische an –, daß ich den Strindberg recht gut gekannt hab. Da war einmal da droben wo ..., warten S' einmal, nein doch nicht, das war damals gar nicht der Strindberg, den Hamsun mein ich natürlich, das war seinerzeit noch ein ganz junger Dachs, ich hab erst viel später erfahren, daß das ein so berühmter Mann geworden ist. Damals hat er selber noch nichts gewußt davon. Also, das war so …

Und er besann sich. Aber es fiel ihm nichts ein. Dafür sagte er nur still vor sich hin: Ja, den Leitner Franzl, den müßten Sie einmal kennenlernen, wenn der einmal seine Memoiren schreiben tät. Ja, Sie müssen nämlich wissen, daß ich dreißig Jahr lang bei der Polizei war; ich bin immer zwischen Paris und Petersburg und Konstantinopel herumgefahren, mich haben sie alle gekannt, die Hochstapler und Einbrecher. Ja, das waren die berühmten Geschichten damals.

Mein Gott, wie oft haben sie mir gedroht, sie schießen mich über den Haufen. Aber, schauen Sie mich einmal an! Glauben Sie, der Leitner Franzl hätte Angst gehabt? – Selbstverständlich versicherte ich, ich wäre auf einen solchen Gedanken nie gekommen, und das freute ihn ungemein.

Doktor, auf Ihr Wohl! Sie sind ein lieber Mensch! Haben Sie mich gern? Ja, wenn Sie mich näher kennenlernen! – Er war jetzt nicht mehr ganz bei der Sache und schüttete den Wein auf seine Hemdbrust. Aber er wußte gleich eine lustige Anekdote, um das vergessen zu machen: Da war ich einmal beim Kaiser von Österreich bei der Jagd zum Essen eingeladen. Und da sagt der Kaiser zu mir ... wissen S', der alte Kaiser, Sie haben ihn doch gekannt, er hat Franzl gheißen wie ich. Also sagt er ... nein, das war eine urkomische Situation. Sie müssen sich vorstellen ... der alte Kaiser ... – Der gute Alte fing so zu lachen an, daß er das Erzählen vergaß. Es war nun auch höchste Zeit, daß man ihn wegbrachte. Irgendwer nahm ihn beim Arm, aber er ließ meine Hände nicht los und schaute mir mit einem ungewissen Blick in die Augen: Doktorchen, du gefällst mir! Du bist ein gemütliches Haus! Mein Lieber, du mußt mich einmal besuchen zu einem guten Tropfen, da werden wir allerhand reden. Das wird für Sie großartig werden, junger Freund. Sie können sich einen Namen machen, wenn Sie mich schlachten. Ich stecke bis an den Hals voller Schnurren und Geschichten. Ich mache Ihnen einen Vorschlag, schreiben Sie meine Memoiren! – Nur die übertrieben herzliche Zusicherung, ich würde gleich in den nächsten Tagen ihn aufsuchen, vermochte ihn zu beruhigen, so daß er sich unter oftmaligem Zurückwenden, Augenzwinkern und mit den Händen winkend endlich fortführen ließ.

Zuerst dachte ich, es sei verlorene Zeit, den guten Mann noch weiter auszufragen. Doch war er vielleicht in nüchternem Zustand ergiebiger, und so ging ich hin. Er hatte eine Riesenfreude, die er sogleich in Feuchtigkeit umsetzte. Er holte ein paar Flaschen aus dem Keller, schenkte mit viel

Liebe und Zartgefühl ein und ließ mich nun erst einmal seinen Wein loben: Schauen S' mir in die Augen, junger Freund, und sagen S' mir aufs Wort, ob Sie so einen Wein schon einmal getrunken haben! – Was ich selbstverständlich eifrig verneinte. Endlich hatte ich ihn mit viel List und Geduld wieder auf sein Thema gebracht. Er schaute mich ganz gekränkt an: Wenn Sie meinen, der Leitner Franzl hätte vergessen, was er Ihnen versprochen hat! Gleich werd ich Ihnen ein ganzes Schock Geschichten erzählen, die noch kein Mensch gehört hat. Und eine besser wie die andere. Es ist nur mit dem Gedächtnis so eine Gschicht. Drei Sachen kann ich mir nicht mehr recht merken. Keine Namen, keine Zahlen ... und das dritte weiß ich jetzt auch nimmer ... Aber da haben wir gleich etwas ganz Köstliches. Also der Ibsen! – Endlich!, dachte ich und zog heimlich einen Bleistift. – Also der Ibsen, der ist immer im Café Maximilian gesessen, nun ja, das ist ja bekannt. Aber was ich Ihnen jetzt erzähl, das ist zwar schon lang her, aber ... schauen S' mich an, glauben Sie, ich erzähl das einfach so jedem Menschen? – Ich versicherte ihm, daß ich das nicht glaube, und so fuhr er schließlich fort: Also, was wollt ich jetzt gleich sagn, no, das von Ibsen war eigentlich nichts so Besonderes ... Da war die Begegnung mit Bismarck in Kissingen schon was anders ... oder mein Erlebnis mit Menzel! Ja, der

Menzel, ein drolliger Kerl, die kleine Exzellenz haben wir ihn immer genannt, schreiben Sie das ruhig auf! – Ich hütete mich, ihm zu sagen, das sei nicht mehr ganz unbekannt, sondern machte ein Kraxel mit meinem Bleistift. Überhaupt – fuhr er fort – von den Malern, da könnte ich Ihnen etwas erzählen! Ja, ich kann wohl sagn, der Leitner Franzl hat schon viel erlebt. Schauen Sie mir in die Augen! Was meinen S', wen diese Augen schon alles gsehen haben? Ja, wo waren wir jetzt, beim Leibl oder beim Thoma, beim Hans Thoma natürlich, nicht bei meinem Freund, dem Ludwig. Übrigens, habe ich Ihnen neulich die Geschichten alle richtig auserzählt vom Ludwig Thoma? Da ist ja eine gelungener als die andre. Wissen S', wie er noch Rechtsanwalt war, da hab ich ja viel mit ihm zu tun ghabt. Ja, das waren noch Zeiten! –

Er versank wieder in die Tiefen seiner Erinnerung: Ja, aus meinem Leben, da könnt man Memoiren herausholen, ist ja auch kein Wunder. Siebenundsiebzig Jahr alt und immer die Augen offen gehabt und mitten drin im Leben ... Wo sind wir stehen geblieben? Beim Bismarck, glaub ich. Ja, das war ein Mann. Solche täten wir heut brauchen. Ich seh ihn noch vor mir, grad wie ihn der Lenbach gmalt hat. Übrigens, beim Lenbach! Erinnern S' mich daran, damit wir es nicht vergessen, da kann ich die Anekdoten nur so aus dem Ärmel schütteln. Zum Beispiel waren wir da einmal in der Allotria, der Lenbach, der alte Gedon, der Seitz ... wer war da noch dabei? Lassen Sie mich einmal nachdenken ... ja, wenn ich mein Gedächtnis noch hätt. Es ist ja auch gleichgültig, wer noch dabei war ... überhaupt, wir wollten ja vom Bismarck reden, jetzt passn S' auf, jetzt kommt eine Bismarck-Anekdote, von mir erlebt, die steht in keinem Buch drin ... Meinen Sie, die erzähl ich einfach jedem? Aber Ihnen erzähl ich sie, und noch manches andre, wenn Sie einmal wiederkommen. Sie sind ein lieber Mensch, Doktor! Sie sollen es der Welt bezeugen, daß ich auch ein Kerl war, der einmal etwas erlebt hat! Also, auf Wiedersehen! Und vergessn S' mir den Leitner Franzl nicht ... Sie solln meine Memoiren schreiben! –

Vergessen habe ich ihn nicht. Aber seine Memoiren habe ich auch nicht geschrieben. Schade!

Der Haustyrann

Mein Großvater Ambros Mauerer war nicht reich und war nicht arm. Er war, ein Bauernbub aus Pfreimd in der Oberpfalz, Bereiter beim Grafen Giech gewesen, hatte die Kriege von 1866 und 1870 mitgemacht, ohne ins Gefecht zu kommen; und an der Front des Lebens ist er auch später nie gestanden. Unverhofft sah er sich im Besitz einer kleinen Erbschaft, von der er als »Privatier« lebte. Als solcher steht er noch in den älteren Münchner Adreßbüchern. In den neueren jedoch ist er als Altertumshändler in der Augustenstraße aufgeführt. Er hatte nämlich sein Vermögen gewaltig überschätzt und war seiner Sammelleidenschaft blindlings gefolgt, die ja durch die zahlreichen Trödellädchen, Versteigerungen und Dulten, die es damals in München gab, immer wieder genährt wurde. Und schließlich hatte er die Wohnung voller Kostüme, Waffen, Porzellan und Walzenkrüge, aber kein Geld mehr.

Und so blieb ihm nichts übrig, als die schönen Sachen wieder zu verkaufen; er setzte sich wie eine Spinne in seinen finsteren Ladenwinkel und wartete, ohne sich viel zu rühren, auf die Leute, die etwas anboten oder haben wollten. Denen, die ein besonders geliebtes Stück erwarben, war er bis an sein Lebensende bös. Wenn er was nicht hergeben wollte, nannte er die unsinnigsten Preise, aber gelegentlich zückte ein Kunde kaltblütig den geforderten Betrag und zog mit seinem Kaufe ab.

In seinem Laden hätte ich auch gern was erstanden, denn er hatte nur geringe Kenntnis und handelte nach dem damaligen Brauch: was er für drei Mark erworben hatte, gab er um fünf weiter. Nur die schier unerschöpfliche Fülle des Kunstgutes verbürgte den bescheidenen Gewinn, den zum Schluß das Geschäft doch noch abwarf.

Uns Heutigen erscheinen jene Zeiten um die Jahrhundertwende wie ein verlorenes Paradies, aber mein Großvater war, genau wie der alte Adam, anderer Ansicht. Da er ja nicht wissen konnte, wie wirkliche Sorgen aussehen, brütete er sich selber alle Tage welche aus und aß unentwegt vom Baum der Erkenntnis, daß es so nicht weitergehen könne. Die Jahre, in denen es dann tatsächlich nicht so weiterging, sondern ganz anders, hat er zu seinem Glück nicht mehr erlebt.

Er war sonst ein umgänglicher Mensch, ein echter Altbayer, die bekanntlich gar nicht merken, wie grob sie oft sind, und sich dann wundern, wie schlecht doch die andern einen Spaß vertragen. Nur um Geld durfte man ihm nicht kommen, da war es aus mit der Gemütlichkeit.

Es war immer ein Leidensgang für seine Frau, wenn sie, spähend und Erkundigungen einziehend, ob er nicht gar zu schlecht aufgelegt sei, in den Laden schleichen mußte, um sich wieder Haushaltgeld zu erbitten. Im besten Fall griff Herr Mauerer mit finsterer Heiterkeit in die Westentasche; meist aber warf er ihr mit der grollenden Frage: »Ja, frißt denn du das Geld?« ein Zehn- oder Zwanzigmarkstück hin, und mehr als einmal so heftig, daß es am Boden rollte oder sich gar unterm Tisch oder Schrank verschloff, so daß die alte Frau sich bücken oder auf allen vieren im Staub kriechen mußte, eine Demütigung, die der Großvater weidlich genoß, da er sie für eine gerechte Bestrafung der Dreistigkeit hielt, von ihm so mir nichts dir nichts Geld zu verlangen – für das bißl Fressen, wie er in seinem Zorn sich ausdrückte.

Zugegeben, daß er ein bescheidener Mann war, der nicht rauchte und nicht ins Wirtshaus ging; aber ein gewaltiger Esser war er, der ein handtellergroßes Stück Rindfleisch mit der Gabel zusammenbog und in den Mund schob, es dort zu zermalmen mit kräftigen Zähnen, von denen bis zur Stunde noch nie einer weh getan hatte – später, bei seinem ersten Zahnweh, führte er sich denn auch wie ein Rasender auf. Und einen Kuchenmichel, wie er so nur meiner Großmutter geriet, zu wolkigem Gebilde leicht auffahrend in der raschen Ofenhitze, daß er schier das Rohr sprengte: den aß er ohne Anstrengung allein und meinte in behaglichem Humor, er habe eigentlich nur von der Luft gelebt.

Er hätte es doch wahrhaftig sehen müssen, wofür die Großmutter das Geld brauchte, wenn die Händlerin aus Regensburg kam mit ganzen Kränzen von Knackwürsten, wenn der alte Hausfreund Kerndlmeyer, der Lokomotivführer war und, ohne Transportspesen, von weither die köstlichsten Dinge brachte, drei fränkische Preßsäcke auf den Tisch legte, daß er sich bog, so schwer waren sie: ein weißer, ein roter und ein gemischter. Wer hätte es denn besser wissen sollen als er, daß Suppenhühner und Hasen, Rebhendl und Hirschziemer Geld kosteten, wenn auch das Paar Tauben damals auf dem flachen Land um dreißig Pfennig feil war, wenn man selber in den Schlag stieg, um sie zu holen. Und wie billig auch alles war, geschenkt kriegte man nicht einmal das Kalbszüngerl oder den Ochsenmaulsalat; das Brot war schwer zu verdienen, drum aß er's nur sparsam, und von all dem Grünzeug wollte er wenig wissen, denn wo ein Gemüs Platz hat, da hat ein Fleisch erst recht Platz. Aber das Fleisch und die Mehlspeisen, die waren »das bißl Fressen«, für das die Großmutter so bescheiden ums Geld betteln mußte und das er ihr, von Verblendung geschlagen, so mürrisch vor die Füße warf.

Eines Tages jedoch brach der Krieg aus. Die Großmutter, von ihrer Tochter, meiner Mutter, aufgestachelt, ging festeren Schrittes als sonst in den Laden, um dem unheilschwanger dort sitzenden Mann das fällige Geld abzuverlangen. Er zückte löwenknurrend ein Goldstück und warf es hin. Es tanzte über den Tisch und klimperte am Boden hin. Mitten im Raum blieb es liegen. Die Großmutter nahm alle Kraft zusammen und ging, ohne es aufzuheben, ohne ein Wort zu sagen.

Der Vormittag verstrich, kein Bratenduft

durchzog die Wohnung. Der Großvater kam, schnupperte in der Küche herum und ging wieder. Der Herd war kalt. Die Frauen aßen heimlich ein Butterbrot und warteten, zwischen Furcht und Triumph zitternd, was nun kommen würde. Die Tochter vertrat der Mutter die Tür, als die fügsame Frau um des lieben Friedens willen doch gehen wollte, das Geld vom Boden zu nehmen.

Wir Kinder jedenfalls nahmen glühenden Anteil an dem heimlichen Kampfe, der zwischen Küche und Laden entbrannt war und in den wir, ohne alle erzieherischen Rücksichten, als Parteigänger, Späher und Boten einbezogen wurden.

»Was macht er denn?« fragte uns die Großmutter, und wir mußten berichten, daß er in finsterem Groll in seinem Stuhle saß und auf das Goldstück am Boden starrte. »Rührt sich nichts in der Küche?« horchte uns der Großvater aus, und wir teilten ihm mit erheuchelter Kümmernis mit, daß keinerlei Anstalten zu einem Mittagessen getroffen würden. In Wahrheit fieberten wir der Stunde entgegen, wo sich das Schicksal entscheiden mußte.

Es wurde zwölf Uhr, es wurde ein Uhr. Der Großvater sperrte den Laden ab und ging nebenan in die »Walhalla« zum Essen. Seit Jahren hatte er das nicht getan. Der rare Gast mußte erhebliches Aufsehen erregt haben. Wütend kam er zurück. Das Goldstück lag noch, wie es gelegen hatte.

Kunden kamen; der Großvater stellte sich mit breitem Stiefel auf das blinkende Metall, aber er hob es nicht auf. Er war entschlossen, den Krieg bis aufs Messer zu führen.

Er hätte ja einen von uns Buben überreden können, der Großmutter das Geld zu bringen. Aber solch ein Ausweg wäre wider seine Ehre gegangen. Als es Abend wurde, zog er wieder ins Wirtshaus ab.

Der nächste Tag verging nicht anders, in bedrohlichem Schweigen, hier in der Furcht vor einem Ausbruch, dort in der Hoffnung auf die Nachgiebigkeit der Großmutter – und für uns Buben in einer wilden Spannung der Zuschauer bei einem Zweikampf.

Die Eierfrau wurde weggeschickt, es sei kein Pfennig Geld im Hause. Sie wußte nicht, was sie davon halten sollte. Nachbarinnen kamen, in scheinheiliger Sorge zu fragen, ob wer krank sei. Die Reputation des Hauses stand auf dem Spiel – aber das Goldstück blieb liegen. Der Großvater, ungefrühstückt und mit Zorn im Bauch, nichts als Zorn, pfiff mittags den Hunden und ging weiter fort, in ein fremdes Gasthaus, wo ihn kein dummes Gerede stören sollte. Die Großmutter zerfloß in Angst und Mitleid, aber meine Mutter schmiedete sie mit grausamer Härte: Jetzt oder nie müsse sie dem Wüterich die Schneid abkaufen.

In München geht die Sage von einem Königlich

Bayrischen Kommerzienrat, der in einer ähnlichen Lage, als ein auf seiner Burg belagerter Zwingherr, sich kurz entschlossen von einem Dienstmann aus dem nahen Augustinerkeller einen Nierenbraten holen ließ, Tag für Tag – und der schließlich, an diese Leibspeise gewöhnt, bis an sein Lebensende, auch nach längst geschlossenem Hausfrieden, an dem wunderlichen Brauche festhielt. So eisern war mein Großvater nicht. Am dritten Tag beugte er sich, brachte das Goldstück in die Küche und legte es, schweigend zwar, doch artig, auf den Tisch.

Es war wie im Märchen vom Dornröschen – Haustyrannei und Verzauberung waren mit einem Schlage gebrochen, das Feuer prasselte im Herd, die Kochlöffel rührten sich, die Eierfrau bekam ihr Geflügel abgekauft und in allen Töpfen schmorte und brodelte es. Ein gewaltiges Versöhnungsmahl wurde gerüstet.

Der Bittgang ums Haushaltgeld ward von Stund an um vieles leichter. Den düsteren Sorgenblick zwar und das abgrundtiefe Seufzen hat die Großmutter nach wie vor hinnehmen müssen, denn die Lebensangst, bei vollen Schüsseln Hungers sterben zu müssen, war dem alten Mann nicht mehr auszutreiben. Aber nie mehr stellte er an seine Frau die Frage, ob sie das Geld fresse, und seine Hand blieb ruhig, wenn er ihr das übliche Goldstück reichte.

Wenn mir heute, wo alles so viel schwerer geworden ist, meine verehrte Gemahlin einen Hundertmarkschein um den andern entreißt, juckt's mich auch manchmal in den Fingern, und die bescheidene Neugier, zu erfahren, wohin all das Geld verschwindet, möchte mich zu häßlichen Fragen verleiten. Aber dann denke ich, nach einem halben Jahrhundert, an den Großvater und winke sogar noch müde ab, wenn mir meine Frau erklären will, wieso und wofür. Credo, quia absurdum est – ich glaube es, so unglaubwürdig es auch sein mag.

Wunderlicher Abend

Reich bin ich nicht, aber ein paar Mark habe ich immer in der Tasche. Ich muß gestehen, daß ich ein Spießer bin, hilflos ohne Geld, ein Feigling, bar allen Vertrauens auf das Glück. Und lieber würde ich einen Tag lang hungern, als daß ich, leichten Sinns, einen Bekannten (vorausgesetzt, ich träfe ihn) um eine Kleinigkeit ansprechen möchte.

Eines Abends aber stand ich wirklich in der Stadt, mit leerer Brieftasche, einer Mark Kleingeld im Beutel und dem letzten Fahrschein eines Sechserblockes, wie er damals noch üblich war, der wenigstens meine Heimbeförderung in der Straßenbahn sicherstellte. Ich wollte einen Vortrag besuchen, eigens zu diesem Zweck war ich hereingefahren – eine Mark würde der Eintritt kosten; also konnte ich's wagen. Freilich, nicht einmal eine Semmel durfte ich mir kaufen, so hungrig ich auch war.

Ich traf natürlich viele Bekannte in dem Hörsaal, und ich hätte mich nur einem von ihnen anvertrauen müssen – aber wem? Der Rektor der Universität war vor schier vierzig Jahren mein Hauslehrer gewesen, der Rektor der Technischen Hochschule hatte mit mir das Gymnasium besucht. Der Vortragende selbst hatte schon manche gute Flasche bei mir getrunken – aber, zum Teufel, mußten es denn lauter Magnifizenzen und Geheimräte sein, die mir begegneten? So gut ich mit ihnen stand, anpumpen wollte ich sie nicht. Und unter den Jüngeren war gewiß mancher arme Teufel, den ich mit der Bitte, mir fünf Mark für ein Abendessen zu leihen, in arge Verlegenheit gebracht hätte.

So kratzte ich denn die letzte Mark für meinen Platz zusammen, hörte den Vortrag an und blieb, um allen Zufällen aus dem Weg zu gehen, noch sitzen, bis sich der Schwarm verlaufen hatte. Draußen regnete es, was nur vom Himmel ging, aber mir blieb keine Wahl; mit hochgeschlagenem Kragen drückte ich mich an den Häusern entlang, zur nächsten Straßenbahnhaltestelle, den Fahrschein hielt ich in der Hosentasche umklammert, es war ja mein höchster Hort.

Da löste sich eine Gestalt aus dem Dunkel, und es trat mir der Doktor Krüller entgegen, ein guter Freund gewiß, wenn man die Leute so nennen will, mit denen man seit dreißig Jahren alle heiligen Zeiten einmal ein paar flüchtige Worte wechselt, des gewiß nicht unehrlichen Bedauerns voll, daß man sich gar so selten sieht. Jetzt freilich war mir jede Begegnung unerwünscht genug – oder sollte mir der Himmel den Mann geschickt haben, daß er mich speise, wie der Rabe den Elias, nicht mit einem Stück Brot allerdings, wohl aber mit einem Fünfmarkschein, es konnte ein Zehner auch sein?!

Ein Rabe war er, ich sollte es gleich merken, aber keiner, der einen Hungrigen zu atzen herbeifliegt – denn während ich noch überlegte, ob ich ihn eigentlich so gut kennte, daß ich ihn um eine solche Gefälligkeit angehen könnte, hatte er bereits den Mund aufgetan: »Sie schickt mir der Himmel!« rief er, genau wie ich's eben sagen wollte; und: »Können Sie mir nicht ein paar Mark leihen, damit ich wo einen Happen essen kann – ich muß hernach noch in einen anderen Vortrag!«

Zehntausendmal (dreißig Jahre zu dreihundertfünfzig Tagen roh gerechnet) hätte ich mit Freuden sagen können: »Aber gern, mein Lieber!« und wäre froh gewesen, daß jemand nur drei Mark von mir haben wollte und nicht fünfzig oder gar hundert. Und ausgerechnet heute mußte ich ihm gestehen, daß ich selber keinen Pfennig bei mir habe. Oh, schmachvoller, uralter Witz aus den ›Fliegenden Blättern‹, unglaubwürdigste, in ihrer Dummdreistigkeit tödlich kränkende Schnorrerabfuhr: »Portemonnaie vergessen? Sie werden lachen: Ich auch!«

Und wenn's wenigstens wirklich ein guter, oft erprobter alter Kumpan gewesen wäre – ohne einen peinlichen Rest von Mißtrauen hätte sich alles in Heiterkeit auflösen lassen. So aber war's unerquicklich genug, wie wir nebeneinander hergingen; wer weiß, wie schwer es auch dem andern gefallen war, mich mit vielleicht nur gespielter Leichtigkeit um ein paar Mark anzuhauen: und die Demütigung einer Fehlbitte blieb, ein Stachel in seinem Herzen, wie hilflos ich mich auch bemühen mochte, ihn herauszuziehen. Er werde eben ungegessen in seinen Vortrag gehen, meinte der Doktor kläglich, die anderthalb Stunden bis dahin hoffe er schon herumzubringen. Der Regen lasse ohnehin nach. Und ehe ich mich's versah, hatte er sich ziemlich frostig verabschiedet und tauchte in die feuchte Finsternis zurück, ohne meine weiteren Unschuldsbeteuerungen abzuwarten. Ich spürte: er traute mir nicht.

Die Straßenbahn kam, ich stieg ein, im Augenblick, wo ich meinen Fahrschein zum Umsteigen zu meinem weit entfernten Vorort zeichnen ließ, kam mir erst der Gedanke, daß der Ärmste wohl nicht einmal hatte fahren können und nun zu Fuß in der Stadt herumlaufen mußte. Und ausgerechnet jetzt rief mich ein Schulkamerad an, mit der lässigen Fröhlichkeit uralter Vertrautheit; und ich setzte mich zu ihm, und, wie konnte es anders sein, ich erzählte ihm, ohne jeden Hintergedanken, die saudumme Geschichte, die mir soeben begegnet war. Der Schulkamerad zog die Brieftasche, ich wehrte ab, er wollte mir einen Zwanzigmarkschein aufdrängen, nein, sagte ich, die Gelegenheit sei verpaßt, nun sei ich schon entschlossen, nach Hause zu fahren. Ohne Geld, meinte der andere, sei man ein halber Mensch, zehn Mark, fünf wenigstens, müßte ich nehmen, und schließlich sträubte ich mich nicht länger und ließ mir zwei Mark in die Hand drücken. Und stieg am Bahnhof aus.

Schon im Begriff, sofort umzusteigen, überlegte ich mir, daß ich daheim, wo man mit meinem Kommen nicht rechnete, vielleicht keinen Bissen vorfinden würde, und daß es, da ich nun schon die zwei Mark in der Tasche hatte, das Gescheiteste wäre, in der Bahnhofswirtschaft wenigstens ein Paar Würstel zu essen; ganz rasch nur, versteht sich, und ohne den Anspruch auf meinen Umsteige-Fahrschein aufzugeben. Gar so genau werden's die Schaffner nicht nehmen.

Die Wirtschaft war um diese Zeit des Stoßverkehrs überfüllt, so schnell, wie ich gedacht hatte, ging es mit den Würsteln also nicht. Hingegen wurde mir, nach schöner alter Münchner Sitte, ehe ich mich dessen versehen hatte, ein Glas Bier hingestellt, und mehr aus Gewohnheit als aus Durst tat ich einen kräftigen Schluck. Zwischen Lipp und Kelchesrand schwebt der finstern Mächte Hand: ich hatte das Glas noch am Munde und schaute geistesabwesend in die Gegend: da trafen mich zwei Augen, von Hohn und Verachtung glühend, ein spöttisches Lachen zeigte sich auf einem Gesicht, das unzweifelhaft das von Doktor Krüller war.

Ich hielt, völlig erstarrt, das Glas steif in die Luft, ich wollte rufen, der Ton erstarb mir in der Kehle, ich sprang auf – da stellte der Kellner die Würstel vor mich hin und fragte mit höflicher Bestimmtheit, ob er gleich kassieren dürfe – ein Helles, ein Paar Pfälzer mit Kraut, zwei Brot: einsachtzig, mit. Und schon hatte er die zwei Mark ergriffen, zwei Zehnerln tanzten vor mir auf dem Tisch – *ein* Brot, wollte ich verbessern, Herr Ober, nur *ein* Brot! Aber er war schon fort, und wie sollte ein wohlgekleideter besserer Herr vor all den Leuten eine Szene machen wegen eines Stückchens Brot um zehn Pfennige?

Wunderlich genug benahm ich mich wohl ohnehin – in einer Bahnhofswirtschaft mochte es hingehen, wo es manch einem plötzlich höllisch pressiert: ich ließ Bier und Kraut stehen, ergriff

Hut und Würstel und rannte davon – vergebliche Eile: Der Doktor war im Gewühl verschwunden, ich fand ihn nicht mehr.

Und wenn ich ihn gefunden hätte, so sagte ich mir zum schlechten Trost, wie hätte ich ihm die Geschichte erzählen sollen, die von meinem Standpunkt aus so eindeutig war, wie sie es für ihn sein mußte – nur im entgegengesetzten Sinn. Er hatte mich, der frech behauptet hatte, keinen Pfennig in der Tasche zu haben, eine halbe Stunde später trinken und schmausen gesehen; wiederum ein altes Witzblattspäßchen, unumstößlich literarisch erhärtet, weiß Gott nicht mehr neu für einen, der seit fünfzig Jahren in den Dschungeln der Großstadt haust. Nur um eine menschlich-unmenschliche Erfahrung mehr. Ich würde ihm einen Brief schreiben – eine faule Ausrede, mein Lieber, glaube sie, wer will ...

Meine Würstel hatte ich gegessen, unfein genug, auf offener Straße. Da kam meine Bahn, ich stieg ein, ich reichte, so selbstgewiß ich's vermochte, dem Schaffner meinen Fahrschein. »Gradaus!« sagte ich leichthin. Der Schaffner, schon im Begriff, den Schein zu entwerten, stutzte: ich möchte wetten, mein schlechtes Gewissen war übertragbar. Mit dem Schein, knurrte er, könne ich nicht mehr fahren, er zog seine Uhr und sagte, von Satz zu Satz gröber werdend, ob ich vielleicht glaubte, er werde sich bei einer Kontrolle Scherereien auf den Hals ziehen wollen. Da kämen – und er hielt bereits einen allgemeinen Vortrag an die schadenfroh aufhorchenden Fahrgäste, so ausgeschämte Leute, die täten unterwegs ganz schnell einmal auf zwei Stunden ins Kino gehen, und dann möchten sie mit derselben Karte noch heimfahren. Und entweder müßte ich einen neuen Schein lösen oder aussteigen.

Dabei schickte er sich schon an, diese neue Karte zu zeichnen – denn unzweifelhaft mußte ihm erscheinen, wie meine Entscheidung ausfiele; und er nahm es denn auch für bare Bosheit, als ich schroff erklärte, lieber aussteigen zu wollen.

Ich weiß schon, auch meine Leser werden den Kopf schütteln und mir hinterher einen Haufen guter Ratschläge geben. Die meisten davon habe ich auf dem langen, langen Heimweg selbst überdacht: ein einigermaßen weltläufiger Mensch wird doch um ein Zehnerl nicht die Schneid sich abkaufen lassen (ach, es war das Zehnerl, das ich für ein nichtgegessenes Stück Brot bezahlt hatte!). Ich weiß schon, ich hätte mit dem Schaffner verhandeln, ich hätte mit einem fröhlichen Aufruf an mein Volk die zehn Pfennige erbetteln sollen. Und zu Fuß hätte ich auf keinen Fall heimgehen müssen, ein hocherfreuter Taxifahrer hätte mich nach Hause gebracht, und ich wäre nur schnell in die Wohnung gehüpft, um ihm das Geld zu holen.

Aber wer so vernünftig denkt, der vergißt eben,

daß es keine fünfaktigen Trauerspiele gäbe, wenn jeder Mensch schlankweg das Richtige täte, unversehrt vom Gifthauch der Dämonen. Und wem, glaubt der Leser, bin ich, die Zufälle dieses Abends behadernd, am meisten gram gewesen? Dem Schulkameraden, der wie ein rettender Engel erschien und mich mit seiner verwünschten Hilfe in den vollen Strudel des Verhängnisses gestoßen hat. Ohne ihn wäre ich brav nach Hause gefahren, geradenwegs, und hätte die wunderlichen Wege des Schicksals nicht mehr gekreuzt.

Sauna-Gespräche

Von Zeit zu Zeit habe ich das Bedürfnis, mich als echten Römer zu fühlen: eine Toga umzutun, in die Sandalen zu schlüpfen und in den – freilich etwas kümmerlich nachgeahmten – Thermen des Caracalla zu lustwandeln. Ich gehe in das Müllersche Volksbad zum Schwitzen. Ich lasse wohlbeleibte Männer um mich sein, mit glatten Köpfen, so wie sie sich der ahnungsvolle Cäsar einst gewünscht hat. Natürlich ist auch manchmal ein Spindeldürrer dazwischen, mit einem hohlen Cassius-Blick; aber der wird mit Recht nicht für voll genommen und sogar mit argwöhnischen Augen verfolgt; was tut ein Magerer zwischen all den Fetten, deren saubere Absicht, ein paar Pfund wegzuschwitzen, so einwandfrei zu erkennen ist?

Meistens rufe ich zuerst meinen Freund Georg an, den berühmten Dichter, damit das Römer-Gefühl vollkommener werde. Denn wenn man ihn, den gebürtigen Regensburger, anschaut, meint man wirklich, er müsse ein Nachfahr eines Legionärs sein aus dem alten Regina Castra; einen herrischen, breitflächigen Römerkopf hat er auf, ein schwerer, mächtiger Mann ist er, und darüber hinaus ist es eine edle Lust, mit einem Klassiker baden zu gehen, der Jamben und Trochäen schreibt, wie weiland Horaz.

Mitunter reden wir auch einmal über solch klassische Verse im römischen Bad, und dann werden nicht nur tausend, sondern zweitausend Jahre wie ein Tag, die Verwandlung in die Antike gelingt vollauf, und das Sudatorium wird noch um ein paar Grade heißer von unseren hitzigen Gesprächen. Meist aber schweigen wir. Denn das Bad ist, im allgemeinen, eine Stätte der Stille.

Ein strenger Ritus, ein stets wiederholter Ablauf, ein geradezu animalischer Prozeß ist dieses Baden. Ob die alten Römer mehr geschwätzt als geschwitzt haben, weiß ich nicht; zu den Ausschweifungen der Badestuben des Mittelalters will ich nicht abschweifen; da bleibt uns der Schnabel sauber. Früher brachte wenigstens noch eine verschollene Haarnadel vom letzten Damentag eine Erinnerung an die weibliche Welt. Jetzt aber gibt sich eine schier mönchische Bruderschaft der Männer schweigend den harten Regeln der Reinigung hin. Nach einem gramvollen, ja, kilogramvollen Blick auf die Waage weiß jeder, was er und was ihn erwartet: Wortlos begibt er sich in die selbstgewählte Hölle, setzt sich auf einen der glühendheißen Eichenstühle und harrt stumm der ersten Tropfen. Hier findet kein Ausgleich zwischen Mitteilsamkeit und Wißbegier statt, der Blick auf das Thermometer, auf die Uhr und die langsam wachsenden Bächlein, die vom Haupt und allen Gliedern zu Boden rinnen, nichts sonst.

Es soll Männer geben, die in den ganzen zwei Stunden nichts sagen als an der Kasse »Dampfbad mit Massage!« und vielleicht noch »Grüß Gott!« und »Auf Wiedersehen!« zum Badeknecht. Denn selbst dem Masseur kann man sich stumm überantworten, so wie einst Wedekind auf die Frage des geschwätzigen Barbiers, wie er die Haare geschnitten haben möchte, knurrte: »Schweigend!« Ein gutes Trinkgeld ist den Leuten lieber als jede Ansprache.

Aber wir eilen dem Ritus voraus. Nach der Hölle – wie schrecklich, wenn sie ewig währte! – wechselt man hinüber ins Fegefeuer, das mit seinen fünfzig Wärmegraden nach den siebzig, achtzig des Caldariums geradezu gemütlich ist. Und hier, wenn wir das Wort wagen dürfen, tauen die Männer auf. Wenn überhaupt, hier ist der Ort des Sich-einander-Näherns, der gegenseitigen Beobachtung, ja selbst der unverbindlichen, fast durchwegs harmlosen »Schaffnergespräche«, wie der Maler Max Unold sie genannt hat.

Was freilich ein echter, stoischer Dampfbader ist, der redet auch hier schweigend. Er faßt den nackten, oder vielmehr nur ausgezogenen Nachbarn ins Auge, er studiert sozusagen die Fauna der Sauna, er schätzt ab, wer und was der andere sein könnte. Er zieht ihn, im Geiste, wieder an und stellt anzügliche Vermutungen auf, wie er dann wohl aussähe. Vom Kopf, von den Händen, erfährt er am meisten – der madenbleiche Fettwanst hat nichts zu sagen. Oft genug kommt es zu heimlichen Zwiegesprächen, erdachten Gesprächen, wie sie jetzt die große Mode sind. Gern würde zum Beispiel der Badegast einen Kameraden auf seine Narben oder Stümpfe ansprechen, denn er könnte sich's, selbst im Besitz solcher Ehrenurkunden, getrost leisten. Und schnell wäre dann ein Gespräch von Krieg und Kriegsgeschrei im Gange – aber wir lassen's lieber. Kein Kunststück, einem schlanken Braungebrannten, der nur eine von der Sonne ausgesparte »Naturbadehose« trägt, auf den Kopf bzw. sein Gegenteil zuzusagen, daß er den Sommer südlich verbracht haben muß; doch genügt uns ja die Feststellung.

Ein Bacchus, den Bauch auf den Knien, mag beim Anblick einer zwei Meter hohen Hopfenstange Gefahr laufen, vor Lachen zu platzen – aber er läßt zur rechten Zeit die Luft zwischen den Zähnen abpfeifen; und auch der Dünne grinst ohne Worte.

So sind die meisten also große Schweiger; aber nicht einmal beim Militär haben wir lauter Moltkes gehabt, und so sind auch hier Leute genug, die brennend gern reden oder angeredet würden. Der sieggewohnte Bonvivant der Operette ist ganz geschmerzte Eitelkeit, daß ihn niemand an dieser Stätte mit einem schallenden: »Ja, grüß Gott, Herr Kammersänger!« begrüßt – er argwöhnt, mit Unrecht, daß da lauter Böotier herumhocken. Dort brütet ein Halbschwergewichtler vor sich hin, von Zeit zu Zeit mit dem Schabholz den Schweiß abstreifend, und da hockt ein Jockey, der den letzten Tropfen aus seinem dürren Leib preßt – sie *müssen* leichter werden, wo die Fettwänste nur möchten. Und niemand tut ihnen den Gefallen, vom Boxring oder vom Stall zu reden. Das Rätsel, was sie für einen Beruf haben könnten, ist sogar für einen Anfänger allzuleicht.

Stammgäste sind da, die man seit vielen Jahren kennt, vielleicht hat man vor Urzeiten mit dem einen oder andern schon geplaudert und ist wieder auf den kurzen Augengruß zurückgegangen – man hat eine kleine Seelenprobe genommen, damals, nach mehr besteht kein Bedürfnis. Aber den »Indianer« spreche ich heute endlich an, eine hakennasige Rothaut, mit undurchdringlich versteinertem Gesicht, einen Mann, der die Körperkultur als Weltanschauung zelebriert. Über siebzig muß er schon alt sein, denn vor einem halben Jahrhundert ist er mein Turnlehrer gewesen. Die verschlossenen Züge öffnen sich leuchtend, er ist fast närrisch vor Freude, daß ein Mensch ihn anspricht, wer mag wissen, wie einsam er im Leben steht. Schon habe ich Angst vor der nächsten Bade-Zukunft, unendliches Palaver wird mich erwarten; aber er kommt nicht mehr, vielleicht ist er krank oder gar gestorben, obwohl er es, seinen Bemühungen nach, auf hundert gesunde Jahre hätte bringen müssen.

»Wenn mancher Mann wüßte, wer mancher Mann wär ...« Kann sein, wir sind mit Weltberühmten in der gleichen Badestube gesessen, mit Nobelpreisträgern, Feldherrn, Bergassessoren mit dem Anspruch auf zwei Dutzend Todesanzeigen. Vielleicht aber gäbe es nur Enttäuschungen, und der Herr, den wir für einen General ohne Uniform gehalten haben, ist nur ein Generalvertreter in Uniformen.

Jedenfalls haben wir ihn furchtlos betrachtet, vor nackten Menschen haben wir keine Angst, es ist ja ein altes Schutzmittel, sich hohe Vorgesetzte ohne Kleider vorzustellen. Und nun gar hier, im

Dampfbad, wo sich keiner dem andern vorstellt! Das kann freilich auch zu Verwicklungen führen, ich habe das im ersten Weltkrieg erfahren bei einer Entlausung: Splitternackt drängelten die Mannschaften um die Tür, und einer, dem es besonders eilig war, wurde von einem andern zur Rede gestellt. Er ließ sich nichts gefallen, ein Wort gab das andere, eine homerische Schimpferei hob an, jeder spielte darauf an, daß der Ober den Unter steche – bis sich zuletzt jeder als Feldwebelleutnant auswies, »ein Offizier mit einem Mannschaftsgesicht«, der gewiß war, daß ihn der andere nicht übertrumpfen könnte.

Solche Fehden gibt es im Frieden nicht – höchstens bleibt es im Dampfraum oder bei den Brausen bei erbitterten Zwiegesprächen ohne Worte: der eine schraubt den Dampf auf, daß es nur so zischt, der andre dreht mit Nachdruck wieder zu, der erste reibt wieder auf – sie messen sich wütend mit den Augen, der Schwächere macht den Klügeren, und der »Platzhirsch«, mit wildem Brunstschrei, behauptet das Feld.

Trotzdem, an Gesprächsfischern fehlt es nicht, die die lockendsten Köder auswerfen, um einen Nachbarn an den Haken der Unterhaltung zu kriegen. Mitunter gelingt's, es gibt da Künstler (wir kennen sie aus der Eisenbahn und Sommerfrische), die, ohne von sich selbst nur ein Wort zu verraten, dem andern im Nu sämtliche Personalien entreißen. Oft aber zappelt sich der fetteste Karpfen wieder von der Angel los, grad in dem Augenblick, wo der Fischer sich bereits im sicheren Besitz einer neuen Bekanntschaft wähnt.

Wieder andre gibt's, die in wunderlicher Selbsttäuschung glauben, weil sie selber nackt sind, dürften sie die nackte Wahrheit ungestraft sagen. Sie kramen allerlei Geheimnisse aus, werfen mit bekannten Namen um sich, bekennen ihre schönen Seelen – und siehe da, im Grund haben sie recht: keiner der nackten Männer hört ernsthaft hin. Gespräche, die auf der Trambahn, im Wirtshaus die dümmsten Folgen haben würden, hier verplätschern sie in Wasser, gehen sie in Dampf auf.

Nun könnte ein Laie meinen, das lauwarme Rundbecken müßte doch eigentlich ein Pfuhl des Gequakes sein. Aber die Riesenfrösche, ganz dem Animalischen hingegeben, kennen, wie das Tier überhaupt, keine Unterhaltung. Und auch die Störche, die herumstelzen, klappern höchstens mit den Holzsandalen. Im Dampf aber, in der Tropenqual, hat jeder mit sich zu tun, nur geisterhaft tauchen im dichten heißen Nebel die schwer schnaufenden Kolosse auf – keine Gelegenheit zu »echten« Gesprächen.

Dann kehrt der Badegast in seine Zelle zurück, zieht den Doktor, den Regierungspräsidenten oder den Metzgermeister wieder an, versichert sich durch einen Griff, daß seine Papiere an seiner Brust ruhen und geht – in den Maientag hinaus oder in den Novemberabend, irgendwohin, wo er recht nach Herzenslust reden kann, nach all dem schweigenden Schwitzen.

Sauna-Gespräche? Ich fürchte, der Schüler hat das Aufsatzthema verfehlt. Aber als Dampfbader seit dreißig, vierzig Jahren habe ich halt nur das schreiben können, was ich erlebt habe.

Allerlei Arznei

Mensch und Unmensch

Wer tiefer nachdenkt, der erkennt:
Mensch sein ist fast schon: Patient.
Doch sind wohl aus demselben Grund
Unmenschen durchwegs kerngesund.

Wartezimmer

Der Hausarzt kommt nicht mehr wie früher:
Du bist ein Selbst-dich-hin-Bemüher.
Im Wartezimmer – lang kanns dauern! –
Mußt du auf den Herrn Doktor lauern,
Der, wie's der Reihe nach bestimmt,
Den einen nach dem andern nimmt –
(Soferne du nicht wöhnest arg,
Daß er noch viele schlau verbarg
In Nebenräumen, Küch' und Keller,
Um sie dann vorzulassen, schneller.)
Dortselbst, in schweigend stumpfem Ernst,
Du warten kannst – wenn nicht, es lernst.
Dann endlich trifft dich ein beseeltes:
»Der Nächste, bitte! Na, wo fehlt es?«
Nun gibts von Leidenden zwei Sorten:
Den einen fehlts zuerst – an Worten.

Den andern fehlts gleich überall:
Sie reden wie ein Wasserfall.
Der Doktor, geistesgegenwärtig,
Wird leicht mit beiden Sorten fertig.
Maßgebend ist ihm ja im Grund –
Nicht dein Befinden – sein Befund.

Privatpraxis

Der Arzt heißt herzlich dich willkommen,
Was dir auch fehlt – Geld ausgenommen!

Psychosomatisches

Weil Leib und Seel gehörn zusammen,
Muß auch manch Körperleiden stammen
In magischem Zusammenwirken
Aus unsern seelischen Bezirken.
Doch nicht nur, daß die eigne Seel'
Wir unbewußt oft halten fehl:
Schuld trägt auch häufig die Familie,
Die manche hoffnungsvolle Lilie,
Noch eh sie recht erblüht ist, knickt:
Die Freude wird im Keim erstickt.
Aus gegenseitgem Sich-erbosen
Entwickeln sich die Herzneurosen.
Nachts kommt besoffen heim der Vater,
Die Mutter schwärmt nur fürs Theater,
Die Schwiegermutter ist recht zänkisch,
Die Tante eingebildet kränkisch,
Am Marke der Familie saugen
Auch noch zwei Brüder, die nichts taugen.
Da spricht der Seelenkundler weise:
Kein Wunder, wenn in solchem Kreise
Bei dergestalten Lebensläufen
Sich, seelenleiblich, Schäden häufen.
So war das freilich immer zwar,
Doch jetzt machts Wissenschaft erst klar:
Sie bringt auf neue, stolze Höh
Die alte Lehre vom Milieu.

Geschütteltes

Du sollst dein krankes Nierenbecken
Nicht mit zu kalten Bieren necken.

Auch müßtest du bei Magenleiden
Den Wein aus sauren Lagen meiden.

Glaub nicht, daß alle Zungen lügen,
Die warnen vor den Lungenzügen.

Auf Pille nicht noch Salbe hoff,
Wer täglich dreizehn Halbe soff.

Wer kann mit frohem Herzen schmausen,
Wenn tief im Stockzahn Schmerzen hausen?

Du spürst der ganzen Sippe Groll,
Die pflegen dich bei Grippe soll.

Statt jeden, der noch lacht, zu neiden,
Am Neid dann Tag und Nacht zu leiden,
Sich Kummer, weil man litt, zu machen:
Ists besser, selbst gleich mitzulachen.

Legendenbildung

Drei Tage lang war einer krank, –
Dann hüpft' er wieder, frisch und frank.
Jedoch schon bei den ersten Fragen
Sprach er von acht, ja vierzehn Tagen.
Ward späterhin der Fall besprochen,
Erzählte er von drei, vier Wochen.
Dann gab er an, daß letztes Jahr
Er schwerkrank, siebzehn Wochen war.
In der Erinnrung, längst genesen,
Ist jahrelang er siech gewesen.

Ärger

Es gilt, just bei nervösen Leiden,
Aufregung aller Art zu meiden;
Besonders, wie der Doktor rät,
Vorm Schlafengehen, abends spät.
Noch mehr fast, fleht er, gib dir Müh,
Dich nicht zu ärgern in der Früh.
Und, bitte, ja nicht zu vergessen:
Niemals, vorm, beim und nach dem Essen.
Wer streng zu folgen ihm, bereit,
Hat sich zu ärgern, kaum mehr Zeit.

Hoffnungen

Nicht nur die stolze Firma Bayer,
Nein, auch der Apotheker Mayer
Und Hinterhuber, der Drogist,
Sehn, was die Welt an Pillen frißt
Und nährn die Hoffnung drum im Busen,
Daß sie, schier so wie Leverkusen
Und andere Erzeugungsstätten,
Glück mit dergleichen Sachen hätten.
Soll er denn, fragt sich jeder Brave,
Für ewig sein der Handelssklave
Der Firmen all, der reichen, großen?
Kann er nicht selbst noch Pulver stoßen
Und Pillen drehn, wie es der Ahn
Jahrhunderte hindurch getan?
Der Anfang ist oft klein, ja winzig,
Knoblauchig oder pfefferminzig,
Doch Kühnere voll Tatkraft werfen
Sich schon auf Kreislauf, Herz und Nerven
Und, leicht durchsetzt mit Weltanschauung,
Auf die geregelte Verdauung.
Im Laden ein Plakat schon prunkt:
»Erkennst du deinen dunklen Punkt??
Er wird durch Mittel prompt erhellt,
Von mir persönlich hergestellt!«
Und vor des Schöpfers innerm Blick
Steht schon, gewaltig, die Fabrik.

Der Kinderarzt

Der Kinderarzt lebt nicht so sehr
Vom Kind, das krank ist, wirklich schwer –
Das sind die Fälle nur, die seltern –
Als von der Angst der lieben Eltern.
Sie ist es, die er heilt im Grund –
Das Kind wird meist von selbst gesund.
Postscriptum: Trotzdem sei doch lieber
Der Arzt geholt, beim kleinsten Fieber,
Wenns sein muß, selbst um Mitternacht –
Denn einmal nur die Angst verlacht,
War diesmal sie nicht unbegründet:
Hellauf schon brennt, was sich entzündet!

Hydrobiologie

Geboren wird der Mensch als nasser:
Ein Säugling ist fast durchwegs Wasser –
Bis er, obwohl er saugt und säuft,
Auf dieser Welt sich trocken läuft.
Erst wird ers, meistens, hinterm Ohr –
Zuletzt vergeht ihm der Humor.
Und, leider, bis ins Mark verdorrt,
Lebt er Jahrzehnte lang noch fort.

Zahnweh

Bescheiden fängt ein alter Zahn,
Der lange schwieg, zu reden an.
Entschlossen, nicht auf ihn zu hören,
Tun wir, als würd uns das nicht stören.
Der unverschämte Zahn jedoch
Erklärt, er hab bestimmt ein Loch,
Und schließlich meint er, ziemlich deutlich,
Daß ihm nicht wohl sei, wurzelhäutlich.
Wir reden dreist ihm ins Gewissen:
»Wenn du nicht schweigst, wirst du gerissen!«
Doch wie? Der Lümmel lacht dazu:
»Das fürcht ich lang nicht so wie du!«
Wir suchen mild ihn zu versöhnen:
»Ließ ich dich golden nicht bekrönen?
Schau, haben nicht wir beiden Alten
Zusammen jetzt so lang gehalten?
So manchen guten Biß geteilt?«
Es ist umsonst, er bohrt und feilt
Und sieht nicht ein, wie es verwerflich,
Uns völlig zu zersägen, nervlich.
Wir werden stark! (In Wahrheit: schwach!)
Am nächsten Morgen kommts zum Krach.
Der Zahn wehrt sich mit Löwenmut;
Doch übersteht ers schließlich gut.
Uns aber bangt schon – Zahn um Zahn –
Bald kommt vielleicht der nächste dran!

Inserate

Selbst Blätter, die sonst ernst zu nehmen
Sich nicht der ganzen Seiten schämen,
Darauf sie, dienstbar dem Gesindel,
Anpreisen jeden Heilungsschwindel.
Das aufgeklärte Publikum
Ist heut ja noch genau so dumm,
Wie in der Zeit der Wunderkuren,
Zahnbrecher und Geheimtinkturen.
Ja, es vertraut, so blind wie nie,
Dem Teufelsspuke der Chemie.
Muß man sich dem Erfolg nicht beugen,
Wenn Frauen schockweis ihn bezeugen,
Die alle, hergezeigt in Bildern,
Eingehendst die Verdauung schildern,
Die sie, durch das besagte Mittel,
Abmagern ließ um gut ein Drittel?
Der Gatte, Jugendglanz im Blicke,
Nennt sie nun nicht mehr »meine Dicke«,
Er sagt: »Mein Mädchen!« zu der Stolzen,
Bewundernd, wie sie hingeschmolzen.
Die Welt wird mager – nur die Blätter,
Die werden durch die Firma fetter,
Die weiter nichts braucht abzuführen,
Als ihre Inserat-Gebühren.

Der Fürsorgliche

Nicht, weil er bös ist, nein: zu gut –
Quält uns oft einer bis aufs Blut.
Selbst Wünsche, die wir gar nicht hatten,
Erfüllt er, ohne zu ermatten,
In einem Übermaß von Hulden
Und: ohne Widerspruch zu dulden.
Ach, seine Sorge, ob er täglich
Uns recht umsorgt, wird unerträglich:
Mild fragt, in unserm ersten Schlafe,
Ob wir gut zugedeckt, der Brave;
Früh will er uns gewiß nicht stören –
Nur, ob wir wohl geschlummert, hören.
Die Frühstückspfeife froh zu schmauchen
Vergällt sein Vortrag übers Rauchen.
Grad was wir äßen mit Vergnügen,
Gibts nicht, weil wir es schlecht vertrügen.
Daß er vor rauher Luft uns schütze,
Drängt er uns Wollschal auf und Mütze,
Ja, Regenschirm und Überschuhe,
Im Fall nur, daß es regnen tue.
Auf leises Räuspern bringt bereits
Ein Säftlein er für Hustenreiz;
Und sollten etwa gar wir niesen,
Ist unser Tod ihm fast bewiesen.
Und teuflisch martert er uns Armen,
Erbarmungslos – nur aus Erbarmen.

Ausweg

Wer krank ist, wird zur Not sich fassen,
Gilts, dies und das zu unter*lassen.*
Doch meistens zeigt er sich immun,
Heißt es, dagegen was zu *tun.*
Er wählt den Weg sich, den bequemen,
Was *ein-* statt was zu *unter*nehmen!

Lebenssaft

Einst glaubte man, ein eigner Saft
Bewirke unsre Lebenskraft;
Doch hat die Forschung dann bewiesen,
Man lebe einfach, ohne diesen.
Nur kommts uns neuerdings so vor,
Als wärs – gewesen! – der Humor.

Schönheits-Chirurgie

Sei's, daß du nur ein Wimmerl hast,
Sei's, daß dir deine Nas nicht paßt,
Daß Kinn und Wange dir zu faltig,
Daß dir dein Busen zu gewaltig –
Kurz, daß Natur dir was verweigert,
Beziehungsweise grob gesteigert,
Brauchst, in der Neuzeit, der bequemen,
Du das nicht einfach hinzunehmen.
Es bleiben schließlich nur die Affen
So häßlich, wie sie Gott erschaffen –
Die Ärzte so *uns* modeln sollen,
Wie Gott uns hätte schaffen *wollen.*

Müde Welt

Den Müden sei es angenehm
Zu hören, daß sie Weltproblem!
Die erste Krankheit unsrer Zeit
Ist: allgemeine Müdigkeit.

Für Kahlköpfe

Als sichres Mittel gegen Glatze
Ist folgendes Rezept am Platze:
Man laß, im Lauf der nächsten Jahre
Sich einfach wachsen graue Haare –
Wozu der Grund sich leicht ergibt –
Die färbe man nun, wie's beliebt.

Nichts übertreiben!

Dem Rauschgift Kampf – und seinen Süchtern!
Doch, bitte, auch nicht allzu nüchtern!

Autosuggestion

Ein Kranker spürt, trotz der Behandlung,
In seinem Zustand keine Wandlung;
Ja, es werd schlechter, möcht er denken. –
Jedoch, um nicht den Arzt zu kränken,
Sagt er bescheiden: »Herr Professor,
Es wird wohl stimmen, – mir gehts besser!«
Und sieh – das tuts auch, mit der Zeit:
Welch ein Triumph der Höflichkeit!

Mahnung

Nehmt euch der Römer weise Lehre
Zum Ziel: Quieta non movere!
Wenn wirs in deutsche Worte fassen:
Was ruht, auf sich beruhen lassen.
Gerade das oft, was im Leben
Längst scheint vergessen und vergeben,
Bleibt, wie auch rasch die Stunde rennt,
In tiefster Seele virulent.

Das Geld

Daß unser Geld nicht bleibt gesund,
Hat, wenn man nachdenkt, guten Grund:
Unschuldig selbst, wirds arg mißbraucht:
Versoffen wirds, verlumpt, verraucht;
Mit Aderlaß und Währungsschnitt
Spielt mancher Pfuscher bös ihm mit.
Bald wird es fiebernd heiß begehrt,
Bald kalt verachtet, weil nichts wert.
Leichtsinnig auf den Kopf gehauen,
Verliert es bald sein Selbstvertrauen.
Oft zwischen Erd und Himmel bang
Schwebt es, als Kaufkraftüberhang.
Dann wirds gedrosselt von den Banken –
Der ganze Kreislauf kommt ins Wanken.
Hier wirds zum Fenster nausgeschmissen,
Dort alle Welt mit ihm besch......
Im Kampf ums Dasein wirds zerrieben,
Als Steuer herzlos eingetrieben.
Auch macht es glücklich nicht allein;
Als Mitgift gar kanns giftig sein!
Man will mit ihm bestechen, schmieren –
Und dann solls noch die Welt regieren!
Das alles, wie's auch wirkt und schafft,
Geht schließlich über seine Kraft!

Zeitrechnung

Mit Weltgeschichte sind wir reichlich
Versorgt und darum gar nicht weichlich.
Wir durften, wenn auch unter Beben,
Schon manche *große* Zeit erleben.
Doch unsre Daten, ganz persönlich,
Die richten trotzdem wir gewöhnlich
Nach *kleinen* Zeiten, nach wie vor:
Damals, als Hans den Fuß erfror,
Als unser Bruder, Vater, Gatte
Die schwere Halsentzündung hatte,
Als – unvergeßlich bleibt der Tag! –
Der Fritz auf Tod und Leben lag;
Wir werden sagen: in dem Jahr,
In dem Marie den Max gebar,
Der Franz die Masern sich erworben,
Der Onkel Florian gestorben,
Die Olga operiert ward – kurz,
Nicht Weltkrieg und Regierungssturz,
Nicht Wirtschafts- und nicht Währungskrisen
Sind als kalenderfest erwiesen.
Auch künftig rechnen wir die Jahre
Nur von der Wiege bis zur Bahre.

Kochrezept

Auch wenns dich treibt, vor Wut zu kochen,
Sei dir empfohlen: gut zu kochen!

Inkubation

Die Krankheit, statt sogleich zu wüten,
Läßt uns meist Zeit, sie auszubrüten.
Zum Beispiel mancher sich nichts denkt,
Im Augenblick, wo ihn wer kränkt.
Erst nachts dann, wenn er schlaflos liegt,
Merkt er, daß er was abgekriegt
Und ist auf einmal so erbittert,
Daß ihm vor Zorn die Nase zittert.
Die Kränkung, jetzt erst ausgebrochen,
Bedarf zur Heilung vieler Wochen;
Vergebens feilt er nun am Wort,
Das ihm geholfen hätt – sofort.

Anfälligkeit

Gefallsucht hat, oft über Nacht,
Schon manche Frau zu Fall gebracht.

Stoßseufzer

Ein hohes Lob für Zeitgenossen
Ist heute, daß sie aufgeschlossen.
Wir aber wüßten manchmal gern:
Wie wärn sie wieder zuzusperrn?

Bitte

Der Alltagsmensch ist schwer erkrankt
Am Leben, öd und unbedankt.
Ich bitt euch herzlich: lobet ihn!
Lob ist die beste Medizin.

Begegnung

Zwar fragen uns Bekannte stets,
Wenn sie uns treffen: »Na, wie gehts?«
Doch warten sie so lange nie,
Bis wir es sagen könnten, wie.
Wir stellen drum statt langer Klage,
Sofort die kurze Gegenfrage.
Dann ziehen höflich wir den Hut
Und sagen beide: »Danke, gut!«
Wir scheiden, ohne uns zu grollen –
Weil wirs ja gar nicht wissen wollen.

Das Muster

Man kennt im Gasthaus die Besteller,
Die schaun erst auf des Nachbarn Teller:
Und äße der den Bart Jehovas,
Sie sprächen: »Ober, mir auch so was!«
Dieselbe Sorte Mensch erwählt
Die Krankheit, die grad wer erzählt
Und kriegt, in des Berichts Verlauf,
Erst richtig Appetit darauf.

Einbildung

Wir sehn mit Grausen ringsherum:
Die Leute werden alt und dumm.
Nur wir allein im weiten Kreise,
Wir bleiben jung und werden weise.

Fünftagewoche

Wie wär geblieben alles gut,
Hätt Gott am sechsten Tag geruht!
Er wär nur kommen bis zum Affen –
Der Mensch wär blieben unerschaffen!

Freizeitgestaltung

Die Frei*heit* – da ist keine Not:
Wohin man schaut, schlägt sie wer tot.
Doch, wie die Frei*zeit* totzuschlagen,
Muß man den Leuten eigens sagen.

Klatschsucht

Wer dir vom Nachbarn häßlich spricht,
Erfreut durch Witz – doch trau ihm nicht:
Meinst du, er würde über jeden –
Nur über dich nicht! – Böses reden?

Erste Hilfe

Man liest zwar deutlich überall:
Was tun bei einem Unglücksfall?
Doch ahnungslos ist meist die Welt,
Wie sie beim Glücksfall sich verhält.

Heiteres Triptychon

Der Pilzsucher

Wohl, daß auch ein armer Mann
Große Freude haben kann!

Kaum dem Jäger mehr behagt,
Hinzuziehn im dichten Forst,
Auszuspähn nach Adlers Horst,
Nach des Ebers Zahn und Borst,
Nach dem Zackenkranz des Hirschen,
Als dich freut die leichte Jagd
In den Wäldern, in den Filzen
Hinzupirschen
Nach den Schwämmen, nach den Pilzen.

Urwald du, geheimnisvollster,
Endlich nahst du, nie getrübte
Grüne Tiefe, klarer Grund,
Wo des Mooses helle Polster
Schwellend wuchern, igelrund,
Lichtdurchtropfte Buchendächer,
Schwarzgesträubte Fichtenfächer,
Flechtenbärtige Glücksversprecher
Künden dir von großem Fund!

Keiner hier noch vor dir
Das vermeßne Handwerk übte:
Nicht die wüsten Sonntagstreiber,

Liebespaarigen, kinderscharigen,
Nicht die alten, stichelhaarigen,
Krächzend neidigen Hexenweiber,
Keiner, keiner, ungebeten
Hat noch diesen Wald betreten!

Nun Glück auf, du Forstdurchstreifer!
Rot die Wange schon vor Eifer
Trabst du hin durch dünn und dick,
Und entlang den lichten Schneisen
Gleitet der geübte Blick,
Der ins Dämmern äugt –
Ins Gestrüpp sich beugt,
Ob sich keine Spuren weisen.
Unter deinen leisen
Tritten kaum die Äste knacken.
Gleitest mit gesenktem Nacken
In die grün und gold und schwarze
Wildnis, süß vom heißen Harze ...

Nichts zu finden, schlechtes Pack!
Habichtspilz und Hahnenkamm,
Schwefelkopf und Pfefferschwamm –
Nichts für deinen leeren Sack!
In die Wirrnis, tief und tiefer
Drängst du, gieriger Dickichtschliefer!
Durch den Modergrund, den fetten,
Wo beim morschen Erlenstrunke
In den Tümpeln voller Letten,

Grau von Warzen, Kröt und Unken
Schlammversunken untertunken –

Nein, vergebens! Ruppig, struppig
Ist der Wald – verlorner Sucher,
Nur die Nestwurz wuchert schuppig;
Aus dem stockenden Gerinnsel
Sticht des Zinnkrauts wüster Pinsel.

Fort aus diesen düstern Schluchten
Aus dem schwarzvergoren Feuchten!
Auf, in holdre Wälderbuchten!
Mehr wird dort dein Eifer fruchten
Als in wüstem Schlick und Schlamme.
Und am nächsten Fichtenstamme
Siehst du rot schon den verruchten
Zauberpilz wie eine Flamme
Aus der grünen Wildnis leuchten!

Soll dein Schuh ihn niederwuchten?
Laß ihn stehn! Schlag keine Schramme
Mit dem Stock ihm ins Gesicht!
Keinem wird er Unheil stiften,
Der im Walde auf ihn trifft,
Denn von seinen reinen Giften
Kündet er mit Zauberschrift.
Schau ihn liebend an, verdamme
Seine böse Schönheit nicht!

Ist er selber auch ein Sünder,
Ist er doch zugleich ein Künder,
Wo der beßre Bruder wächst;
Denn der Steinpilz steht, der stramme,
Oft dem roten Fliegenschwamme
Und der giftigen Brut zunächst.

Dort hinauf des Waldrands Stufe
Bei den Eichen, unter Buchen
Gilts, den seltnen Gast zu suchen.
Dort im Moose, weich und trocken
Muß er im Verstecke hocken –
Laß dich nicht vom Kuckucksrufe
Aus dem reichen Jagdgrund locken!

Wenn im ganzen, großen Wald
Auch nur eine einzige Stelle
Dir, verwunschener Geselle,
Nahrung gibt und Aufenthalt,
Kann es keine sein als diese:
Haben Pilze Paradiese,
Ist es solche Märchenwiese!

Einen wähnst du schon zu sehen.
Einen, ach, du träumst von hundert,
Die dort auf dem Anger stehen
Und dir hold entgegenpurzeln.
Doch wie auch die Blicke gehen:

Nichts? Nichts? Nichts? Du stehst verwundert:
Tratest du auf Zauberwurzeln?

Plötzlich, jubelnd, wie von Sinnen
Stürzt du hin: dein Herz erschrickt
Holder als von süßem Minnen:
Du hast ihn erblickt –
Wie aus Götterlaune
Fröhlich hingestellt,
Steht der sammetbraune
Waldes Herr und Held!

Ruhig Blut! Nicht gleich das Messer
Zücken wie ein Menschenfresser!
Daß der Fund dich recht beglücke
Bücke dich ins Moos und staune,
Wie er steht im Sonnenglanze!
Wie ein Waldschrat pfeif und tanze,
Denn dem auserlesnen Stücke
Ist ringsum in den Bereichen
All der Birken, Buchen, Eichen
Nichts an Schönheit zu vergleichen!
Glückspilz, preis dich selber laut –
Und dann pflücke ihn und drücke
An die Brust wie eine Braut!
Ja, sei närrisch, spring und sing
Von dem großen Schwammerling!

Und nun ja nicht weiter wandern!
Denn es gilt ein alter Satz:
Wo der eine stand, die andern
Stehen an demselben Platz
Wie in einem Hexenring –
Schau um dich und heb den Schatz!

Droht dir nicht das Herz zu bersten?
Da und dort und wieder einer
Stehen dicht sie bei dem ersten,
Hier ein großer, dort ein kleiner.
Und mit Zittern, Lachen, Stammeln,
Gehst du dran, sie einzusammeln.

Horch, von Ast zu Ast ein Späher:
Dreimal wütend ruft der Häher
Seine grelle Spötterweise.
Stille wirds im Zauberkreise:
Wär' dein Sack nicht schon so schwer,
Fändst von nun an keinen mehr!
Geh nach Haus und laß das Fluchen,
Ganz vergeblich ist dein Suchen.

Jetzt, da du von Segen träufst,
Flink und froh den Wald durchläufst,
Grüßen sie, um dich zu necken,
Aus den moosigen Verstecken,
Stehn an allen End und Ecken,
Die du konntest nie entdecken:

Pilze, freilich nur geringe,
Ziegenfüße, Pfifferlinge,
Zeigen gelb und rote Kappen,
Winken mit dem Hut, dem schlappen,
Dich zu kirren, dich zu wirren.

Lange läufst du noch im Irren,
Schon des Abends Schatten schwirren,
Ehe deine Schuhe klirren
Auf der Straße festem Grund.
Endlich trittst du aus den Bäumen,
Überm Dorf, an Wiesensäumen
Steigt der Mond auf, schüsselrund.

Ja, so trabst du hin in Träumen,
Siehst am Herd schon stehn die Mutter
Und verschwenden Mehl und Butter
An den märchenhaften Fund.

Der Porträtist

In München jeder zweite Mann,
So wills uns scheinen, malen kann.
Die Künstler sind uns unentbehrlich,
Die meisten sind auch ungefährlich.
Sie leben anspruchslos und still,
Froh, wenn man nichts von ihnen will,
Sie malen – einmal abgesehen
Von denen, die wir nicht verstehen,
Weil sie uns zu vertrackt-abstrakt –
Die Landschaft grün, die Weiber nackt
Und wären glücklich, gäbs in München
Einmal al fresco was zu tünchen,
Was, für den Fall, daß es gelingt,
Den Malern Ruhm und Reichtum bringt.

Die Künstler sind verschiedner Schulung
Und nähren sich von Nebenbuhlung,
Was auf die Formel man gebracht:
Kitsch ist das, was der andre macht.

Nur einer ist ein Attentäter,
Und das, ihr ahnts, ist der Porträter!
Er sucht die Leute zu erfassen,
Die gegen Geld sich malen lassen!

Und solche, nämlich bare Zahler,
Sind weitaus seltner als die Maler!
Nie laß von einem Porträtisten
Zu solchem Zweck dich überlisten:

Wärst du dem Nilpferd selbst verwandt,
Er findet dich höchst int'ressant
Und meint, bei solch markanten Zügen
Sei, dich zu malen, ein Vergnügen!
Wert seist du, daß er, nur aus Freude,
Werkstoff und Zeit an dich vergeude.

Geschmeichelt, wärst du fast bereit. –
Doch, leider, hast du keine Zeit.
Der Meister aber läßt nicht locker:
Er, sagt er, sei kein fader Hocker,
Er male aus dem Handgelenke,
Wenn man ihm drei, vier Stunden schenke,
Weil nur die Arbeit wirklich fromme,
Die so im ersten Wurfe komme.
Und magst du dich auch noch so sperren,
Er wird ins Atelier dich zerren,
Wo, glücklich, daß er dich erwischt,
Er alsbald seine Farben mischt.

Jedoch, nach einigem Betrachten
Muß falsche Eile er verachten.
Er schwärmt dir vor von alten Meistern,
Um dich allmählich zu begeistern,

Daß nicht die Drei-Vier-Stündlichkeit
Am Platz sei, sondern Gründlichkeit:
»Will einer nicht viel Zeit verlieren,
Dann kann er wie der Lenbach schmieren;

Was aber, meinen S', hat der Leibl
Oft hing'malt an ein altes Weibl?
Ein ganzes Jahr, sechs Stunden täglich!« –
Die Aussicht freut dich ganz unsäglich.

Mit ein paar flüchtigen Entwürfen
Läßt sich dein Wesen nicht erschürfen.
Doch schaust du vorerst noch gespannt,
Wie auf der weißen Leinewand
Der Künstler mittels schwarzer Kohle
Sich müht, daß er die Seele hole,
Die, fern der ähnlichen Gestaltung,
Ihm wichtig scheint als innere Haltung.

Doch auch die äußere ist ihm wichtig:
Du nämlich hältst dich noch nicht richtig!
Er setzt dich kreuz, er setzt dich quer,
So, ja nach rechts, nach unten mehr!
Die Schultern nicht so hochgezogen!
Nicht aufgestützt die Ellenbogen!
Den Kopf jetzt, bitte, linksum drehen!
So ist es gut! So wird es gehen!

Allein für dich geht es nicht gut,
Weil, so zu sitzen, wehe tut.
Soll er den Pinsel richtig führen,
Darfst du dich nicht ein bißchen rühren!
Und selbstverständlich wär' auch Sprechen
In dieser Haltung ein Verbrechen,
Weshalb allein der Maler spricht …
Oh, bilde, Künstler, rede nicht!

Nun endlich, da du vierzig Wochen
(Statt vierer, wie er dir versprochen)
Geopfert deine freie Zeit,
Spricht jener stolz: »Bald ists so weit!«
Jedoch bei neuerlicher Prüfung
Brauchts abermalige Vertiefung.

Doch du, in Ahnung neuer Qualen
Fluchst wild, er soll den Teufel malen!
Und endlich bist du ausgerissen
Und willst von all dem nichts mehr wissen.

Der Künstler mahnt in Wort und Schrift,
Er lauert auf, bis er dich trifft –
(Hätt' er im Bild dich so getroffen!) –
Auf weitre Flucht kannst du nicht hoffen
Und siehst dich plötzlich, arg bedeppt
Aufs neu' ins Atelier verschleppt,
Wo er, mißachtend dein Gewinsel,
Dich ernsthaft bildet mit dem Pinsel.

Und plötzlich, da du's kaum gewärtig,
Erklärt er dir: das Bild ist fertig!
Der Maler, voll Erzeugerglück,
Tritt achtungsvoll sechs Schritt zurück
Und du auch nahst dich, auf den Zehen,
Dein Ebenbild dir anzusehen.
Bald wird es peinlich dir bewußt,
Daß du jetzt etwas sagen mußt.

Der Künstler lauscht. Er lauscht beklommen.
Er hat noch immer nichts vernommen
Und abgelaufen ist die Zeit
Der schweigenden Ergriffenheit.
Du wahrst des Beifalls holden Schein,
Sprichst von der Kunst mehr allgemein,
Du tadelst Augen, Nase, Mund
Und lobst dafür den Hintergrund;
Verlangst das Haar ein bißchen gelber
Und seufzst: »Es kennt kein Mensch sich selber!«
Wie gern hört dies, der dich erkannt
Und magisch in das Bild gebannt.

Der Sommer naht. Die Jury spricht.
Und alsbald siehst du dein Gesicht
Inmitten andrer ausgestellt.
Der Künstler ist von Stolz geschwellt
Und lechzt nun heiß, bis zur Verschmachtung,
Nach liebevoller Kunstbetrachtung.
Doch nennen, die die Schau durchwandern,

Nur seinen Namen »unter andern«
Und keine Zeile kündet laut,
Dies Bild gehöre angeschaut.

Der Sommertraum ist ausgeträumt,
Die Säle werden ausgeräumt
Und: »Mitgehangen, mitvergangen«,
Kein Mensch trägt nach dem Bild Verlangen.
Auch du lebst weiterhin ganz heiter
Und scherst dich um das Bild nicht weiter,
Bis eines Tags der Maler naht:
Du merkst, das gibt ein Attentat!
Doch schwant dir auch sofort nichts Gutes,
Zeigst du dich harmlos frohen Mutes,
Erzählst, wie jetzt das Leben teuer,
Rar der Verdienst und hoch die Steuer,
Kurz, suchst durch Schild'rung eigner Leiden
Den graden Weg ihm abzuschneiden.

Doch auch ein Maler ist nicht dumm.
Wenn es nicht grad geht, geht's auch krumm,
Er sagt, dies Bildnis sei ein Schatz,
Er wüßt' dafür nur einen Platz,
Und der sei selbstverständlich dort –
Vergeblich fällst du ihm ins Wort
Und meinst, es sei dir unerträglich,
Dich selber anzuschauen täglich,
Es störe dich in der Verdauung –
Er pfeift auf deine Weltanschauung

Und wiederholt den ersten Satz:
Es gäb' nur einen würdigen Platz ...

Gefährlich wie des Blitzes Strahl
Trifft unverhofft die nackte Zahl.
Drum sorge, daß der Mann verstumme,
Eh' er genannt die bare Summe,
Und sag ihm, besser sei's für beide,
Wenn man sich schriftlich erst entscheide,
Und laß, noch zwischen Furcht und Hoffen,
Beim raschen Abschied alles offen.

Doch ach, er hat ja schon entschieden,
Und Zahlen macht bekanntlich Frieden.
Und während du am nächsten Morgen
Noch überlegst mit vielen Sorgen,
Bringt schon ein Dienstmann ohne Schonung
Das Meisterwerk in deine Wohnung.
Und ehe du dich recht versehn,
Stehst du nun da, als ein Mäzen!

Du selber wirsts nicht mehr erfahren,
Doch zeigt es sich, in hundert Jahren,
Wenn wir schon alle längst gestorben,
Ob du ein Kunstwerk hast erworben.

Dann hängst du, von dem Vielgenannten
Als »Bildnis eines Unbekannten«
Im Reichsmuseum in Berlin,

Denn alles Gute kommt dorthin,
Wenn wieder erst die tapfre Stadt
Den alten Rang gewonnen hat. –

Wenn nicht, dann ists ein alter Quark
Und, mit dem Rahmen, um zehn Mark
Wird es dein Kindeskind verkaufen
Und wird das Geld sofort versaufen
Und niemand mehr erkennt es an,
Daß du was für die Kunst getan!

Oktoberfest

Zu Münchens schönsten Paradiesen
Zählt ohne Zweifel seine Wiesen.
Im Frühling, Sommer, auch im Winter
Ist allerdings nicht viel dahinter,
Da ist sie nur ein weiter Plan,
Ein Umweg für die Straßenbahn.
Jedoch im Herbst ist dieser Platz
Des Münchners wundervollster Schatz.
»Auf gehts«, mit dieser Lustfanfare
Eröffnet man in jedem Jahre
Das Volksfest, welches hochgepriesen
Der Münchner bündig nur nennt »D' Wies'n«.

Nur ungern, das sieht jeder ein,
Geht auf die Wiese man allein,
Denn wenn man in der Budenstadt
Nicht gleich den richtigen Anschluß hat,
Dann steht man stur in dem Gedudel,
Fühlt sich wie ein begoss'ner Pudel,
Schweift stumm und traurig her und hin,
Besauft sich höchstens ohne Sinn,
Denkt »Fauler Zauber«, »Alter Leim«,
Und geht verdrossen wieder heim.

Höchst unbeliebt sind die Begleiter,
Die rücksichtslos, geschäftig-heiter

Im Volksgewühl an allen Kassen
Gerade dich vorangehn lassen,
Großmütig in der Tasche graben,
Doch leider grad kein Kleingeld haben,
Die tückisch warten bis zum Schluß,
Wo irgendeiner zahlen muß,
Und die erreichen mit viel List,
Daß du dann dieser eine bist!
Mit andern Worten, derben, kurzen,
Kein Mensch macht gerne eine Wurzen.

Doch was ist auf dem bunten Feste
Zu nennen wohl das nächste beste?
Hier schmort die Schweinswurst auf dem Rost,
Dort schenkt man Wein und Apfelmost,
Hier sieht man bei fidelen Schrammeln
Sich wieder andre froh versammeln,
Und schon wird an dem dritten Punkt
Die Dünne in den Senf getunkt.
Dort fieselt wer an seinem Tisch,
Beziehungsweis am Steckerlfisch
Und leckt mit einer kaum geringern
Begierde an den eignen Fingern.

Die Wünsche werden immer kühner
Und blicken auf gebratne Hühner,
Die unerschwinglich sind zumeist,
Auch wenn man sie nur »Hendln« heißt.

Doch schau, was kommt am Schluß heraus?
Der Bierpalast mit Hendlschmaus,
Wo ungeheure Blechmusiken
Den Lärm durch Rauch und Bierdunst schicken
Und wo die Menge brausend schwillt,
Vom Bier zum Teil schon ganz erfüllt,
Teils erst vom Wunsch, erfüllt zu werden,
Doch durchwegs selig schon auf Erden.
Es laufen Kellnerinnen emsig
Durch alle Reih'n, wo wild und bremsig
Die Menge ohne Unterlaß
Sich heiser schreit nach einer Maß.
Zwölf Krüge an den Brüsten säugend,
Wirkt solche Wunschmaid überzeugend.

Wer zählt die Völker, kennt die Namen,
Die gastlich hier zusammenkamen?
Von Augsburg und vom Isengau,
Von Freising, aus der Hallertau,
Aus Franken, Schwaben, Sachsen, Hessen,
Die Preußen selbst nicht zu vergessen;
Doch immer sind auch welche da
Aus Afri- und Amerika.

Doch will das Volk zum Bier auch Spiel,
Drum sucht man noch ein andres Ziel;
Man stürmt die Wunderstadt der Buden
Mit Löwenmenschen, Botokuden
Und ist schon tief hineingeraten

In Zauberwälder von Plakaten,
Die in phantastisch grellen Bildern
Die Märchenwelt der Wiesen schildern.
Hier ist ein Zwillingspaar verwachsen,
Aus Siam oder nur aus Sachsen,
Die Seekuh ist halb Fisch, halb Weib,
Die Dame ohne Unterleib
Wetteifert mit der Pantherdame,
Usamba-Wamba ist ihr Name,
Der wonnevoll nach Wüste schmeckt,
Ihr ganzer Leib ist braun gefleckt;
Ein Schlangenmensch grotesk sich renkt,
Beim Schichtl sich das Fallbeil senkt.
Kurzum, was grauenvoll und selten,
Wird angepriesen vor den Zelten,
Bis, was der Vorhang tief verbirgt,
So zwingend auf die Neugier wirkt,
Daß wir uns ahnungsvoll und schauernd
(Erst hinterher das Geld bedauernd)
Hindrängen, um, hereingebeten,
Das Innere staunend zu betreten.
Da stehn sie, ahnungstief wie Kinder,
Vor einem Manne im Zylinder,
Und in die Menge, die sich staut,
Brüllt dieser Mensch entsetzlich laut:
»Sie sehen hier für billiges Geld
Das größte Phänomen der Welt!
Das Urwelträtsel jeder Rasse!
Zur Kasse, Kassa, Kassakasse!

Das Phänomen der Mumienleichen!
Die Glocke gibt das letzte Zeichen!
Enthüllung magischer Natur!
Zehn Fennich! Für Erwachsne nur!«
Der Schweiß ihm aus den Haaren rinnt:
»Zehn Fenniche! Der Akt beginnt!«

Man sucht sich nunmehr als Stratege
Nach Kräften immer neue Wege.
Hinweg von Flöh'n und Marionetten
Und Wachsfigurenkabinetten,
Heraus jetzt aus den wilden Dünsten
Von Papa Schichtls Zauberkünsten,
Zu neuem Ziel hinauf, hinan,
Hinein in eine Achterbahn!
Man fühlt sich sanft emporgehoben
Und sieht die Lichterstadt von oben,
Wie alles glänzt und dampft und braust,
Bis unverhofft man abwärts saust
In Stürzen, wollustangsterregend,
Besonders in der Magengegend.
Wie herrlich da die Weiber kreischen,
Indes verzückt in fremden Fleischen
Im selig-wirren Klirren, Schwirren,
Die Männerhände sich verirren.
Wie schnell macht solche Fahrt gefährtlich,
Man wird zu zweien schon recht zärtlich,
Und mancher legt um manches schlanke
Gewölbe die Beschützer-Pranke.

Das ist die hochberühmte Zeit
Der Münchner Urgemütlichkeit,
Wo an den bunt besetzten Tischen
Die Unterschiede sich verwischen,
Die Herkunft, Bildung, Geld, Beruf
Dem Menschen oft zum Unheil schuf.
Der Maurer hockt bei dem Professer,
Und zwar je enger, um so besser,
Und auch die andern sitzen da,
Mit Leib und Seel' einander nah.
Nicht lästerlich und liederlich,
Nur schwesterlich und brüderlich.
Man sucht sich wild ins Volk zu mengen,
Sich in die andern einzuhängen.
Schiffsschaukelorgelorgien rasen
Mit Trommeln und Trompetenblasen,
Sirenenheulen, Schiffsgebimmel
Stürzt unabsehbar mit Gewimmel
Zu ewig neuer Lust entfacht
Die Menge in die Wiesenschlacht.
Es blitzt von Purpur, Perlenflitter,
Die Schweinswurst raucht am glühnden Gitter,
Die Rösser stampfen stolz und schwer,
Die Banzen rollen prächtig her,
Der Kasperl krächzt »Seids alle da?«
Und tausendstimmig jauchzt es: »Ja!«
Und ringsum brodelts, brandets, gaukelts
Und rollts und rutschts und schießts und schaukelts,

Das Jahr ist lang, die Wies'n kurz,
Hinein denn in den wilden Sturz!
Zufrieden jauchzet groß und klein:
»Hier bin ich Mensch, hier darf ichs sein!«

Die schöne Anni

Die schöne Anni

An viele Dienstmädchen kann ich mich erinnern seit den ersten Lebensjahren, und öfter als einmal bin ich versucht gewesen, die Geschichte meiner Jugend dem Wechsel ihrer Regierung entsprechend aufzuschreiben, dergestalt, daß jedes Hauptstück der Erzählung einer dieser unvergeßlichen Gestalten gewidmet ist. Denn mehr als die Eltern haben sie oft unser Kinderdasein bestimmt, wie ja manch eine, nur dem Buchstaben nach eine Dienende, in Wahrheit die ganze Familie beherrscht hat.

Ich müßte dann berichten von Anna I., der Groben, von 1896 bis 1901, von Anna II., der Beständigen, von 1901 bis 1909, von Babette der Faulen, 1909 bis 1910, von Cäcilie der Frommen, Erna der Rothaarigen, Marie der Schmutzigen und vielen andern, die dazwischen, manchmal nur für Wochen und Monate, die Schlüsselgewalt in unserm Hause hatten. Auch Margarete die Häßliche war darunter, Rosa die Mannstolle, die mit beharrlicher Zufälligkeit ihre Kammer sperrangelweit offen hatte, wenn sie sich wusch und kämmte, oder Johanna die Wahnsinnige, die halbnackt auf die Straße lief und gellend schrie, bis sie, aufregend genug für uns und die ganze Nachbarschaft, in Decken gewickelt wurde und fortgefahren ins Irrenhaus. Die schöne Anni zählte nicht in diese

Reihe; sie war die Stütze unserer Großmutter, die im gleichen Hause, dessen vierten Stock wir bezogen hatten, im Erdgeschoß wohnte, und zwar in der Küche und einem engen Hinterzimmer, da die vorderen Räume zu dem Altertümergeschäft des Großvaters gehörten. Die Mädchenkammer war ein winziges Verlies, dessen blindes Fensterchen auf den Hausflur hinausging. Die Dienstboten waren aber damals noch nicht verwöhnt, und die schöne Anni wirds erst recht nicht gewesen sein, denn sie war armer Leute Kind und kam aus einer Gegend, die wir in München Glasscherbenviertel nennen. Sie war siebzehn Jahre, hatte schwarzrote Haare und war ungewöhnlich hübsch. In ihre großen Hände und Füße mußte sie freilich erst noch hineinwachsen, wie die Großmutter scherzend sagte.

Als die schöne Anni zu uns kam, waren wir Buben gerade in den Flegeljahren: Mein Bruder etwa fünfzehn, ich vierzehn Jahre. Wir waren vor allem noch rechte Kinder, kaum von einer Ahnung des Ewig-Weiblichen berührt, und überdies kamen wir ja nur in den Ferien nach Hause, da wir eine Klosterschule in einem nicht allzuweit entfernten Gebirgstal besuchten. Wahrscheinlich hatte uns die Mutter schon flüchtig geschrieben, daß bei den Großeltern eine neue, junge Magd eingetreten sei, und uns vielleicht auch ermahnt, uns anständig aufzuführen und keine Geschichten zu machen. Aber wir hatten andere Gedanken im Kopf, und als wir dann gegen Ostern zu Hause anrückten, kam uns das Mädchen als eine mächtige und holde Überraschung entgegen. Scheu und täppisch nahmen wir die kurze und bündige Vorstellung der Großmutter hin, und mein Bruder und ich sahen uns gewiß wie zwei junge Bären einander an, die unvermutet auf Honig gestoßen sind, von dem sie bisher nur vom Hörensagen vernommen haben.

Andere Buben unseres Alters mochten auch damals schon, in einer strengen Zeit, im Umgang mit Mädchen mehr Erfahrung gehabt haben als wir, die wir wie Waldschrate aufgewachsen waren, von Zufall und Absicht gleichermaßen allem Weiblichen ferngehalten. Die Kindergesellschaften der Heranwüchslinge waren uns fremd, wir besaßen keine Vettern und Basen, in deren munterem Kreis sich bei Ausflügen und Pfänderspielen so leicht jene süße Ahnung der Liebe, ja sogar das Feuer und die Qual früher Leidenschaft in die kindlichen Herzen schleicht. In unserer Klosterschule gab es gewisse Aufgeklärte, und hinterher, zehn, zwanzig Jahre später, ist mir manche dunkle Andeutung und mehr als ein Versuch, uns ins Vertrauen zu ziehen, klar geworden. Aber ein seltsames Geheimnis trennte die Wissenden von den Unwissenden, die gar bald, da sie die verfänglichsten Anspielungen nicht verstehen wollten, nicht mehr behelligt wurden, ohne daß das der übrigen Kameradschaft einen Abbruch getan hätte. Eine Schwester hatten wir wohl, aber sie war noch zu jung und kam, ihres kratzbürstigen Wesens halber, gar nicht in Betracht; und unter den Kindern des Hauses und der Nachbarschaft entsinne ich mich nur der häßlichen Ida aus dem ersten Stock, die bald den wilden Spielen der ersten Zeit entwachsen war und die damals mit ihren sechzehn Jahren bereits altjüngferlich zu vertrocknen anfing.

Die schöne Anni war uns nun, da wir die erste Blödigkeit rasch überwunden hatten, ein willkommener Spielkamerad, wir scherzten mit ihr nicht anders als mit einer jungen Katze. Aus kleinen Plänkeleien wurden bald heftige Kämpfe; so setzten wir etwa unseren Ehrgeiz darein, die hocherhobenen Hände ineinander verschränkt, das flinke und kräftige Mädchen in die Knie zu zwingen, und es gab dann eine wunderliche Mischung von Zorn und Liebe, wenn Wange an Wange, Brust an Brust im keuchenden Getümmel sich streiften oder gar, wenn die Besiegte unter dem Sieger lag und wie eine Schlange sich wand und mit den Beinen stieß und strampelte. Wenn ich selber der Ringende war, so hatte ich wohl nichts im Sinn als eben den ritterlichen und ehrlichen Kampf; aber als Zuschauer, wenn ich das Gerixe und Gerankel meines Bruders verfolgte, bemächtigte sich meiner eine wilde und unbegreifliche

Empfindung, von der ich erst heute weiß, daß es die bare Eifersucht gewesen sein muß. Und doch kam, so verfänglich die Lage oft war, in die wir gerieten, niemals ein tieferes Gefühl bis an die kindliche Oberfläche, der Abgrund, an dem wir hinscherzten, blieb mir verborgen und meinem Bruder gewiß auch; und das Mädchen, so willig und leidenschaftlich es sich unsern verwegenen Griffen hingab, mochte wohl dem Weibe in sich gehorchen und allen gefährlichen Lockungen, aber es war ein Kind wie wir, falterleicht gaukelte es in der warmen Sonne dieser Feiertage.

Es liegt mir fern, mich solcher Unschuld zu brüsten, denn, da wir alle der Sünde vorbehalten sind, wer will da wissen, wann er die Wunde empfangen soll, ohne daß er verdürbe an ihrem Gift. Aber es ist für mich, den Schreibenden, den Fünfzigjährigen, schwer, und es ist auch für den Lesenden nicht leicht, eine solche Unschuld sich vor Augen zu stellen; denn wir sind seitdem durch Feuer und Wasser gegangen und haben die Lust und den Schrecken des Geschlechterkampfes durchlebt, und keiner, der nun herüben steht, am fahlen Ufer des Alters, vermag es, von Wissen ausgelöscht, noch glühend zu sagen, wie es drüben war, lang vor dem ersten Schritt in das Unabwendbare.

Damals jedenfalls, wenn wir es gar zu wild trieben, fuhr wohl die Großmutter scheltend dazwischen, wir sollten die Anni in Ruhe lassen, wir alten Weiberkittler; aber der Großvater hatte seine Freude daran und stachelte uns zu neuen Kämpfen.

Die Osterferien gingen zu Ende, wir ließen die Anni, wie man ein Kätzchen, das man gequält und gestreichelt hat, achtlos wieder vom Schoß springen läßt, die Kameraden lockten und die Schule drohte, mit keiner Faser unseres Herzens dachten wir mehr an unsere Freundschaft oder an Mädchen überhaupt.

In den großen Ferien waren wir nur ein paar Tage in der Stadt, dann ging es aufs Land hinaus, ein unendlicher, glühender Sommer wollte durchlebt sein, Jäger und Fischer waren wir, sonst nichts, und wir zwei Buben begehrten nicht einmal eines dritten Kameraden, geschweige denn anderer Gesellschaft. Weißgekleidete Backfische waren uns ein Greuel, wir ließen sie Tennisspielen und Kahnfahren, das war nichts für uns Waldläufer und Floßbauer. Und dann kam der Herbst, und die Schule ging wieder an, und die schöne Anni hatten wir kaum gesehen in all der Zeit, und wir hätten es auch gewiß nicht bemerkt, wenn es vielleicht Absicht gewesen sein sollte, das hübsche Mädchen uns aus den Augen zu räumen.

Daß übrigens die Anni eine Magd war, gegen Lohn und Essen meinen Großeltern zu dienen verpflichtet, das spielte in unserm Verhältnis keine

Rolle; von frühester Kindheit an waren wir dazu angehalten worden, die Dienstboten jedem andern Menschen, der zum Hause gehörte, gleichzuachten, und daß wir aus eigner Machtvollkommenheit ihnen etwas hätten anschaffen dürfen, daran war nicht im Traum zu denken. So waren denn auch unsere Freund- und Feindschaften zu ihnen ehrlich und ohne unrechten Vorteil, und jene doppelte Moral, die so häßlich wie bequem ist, haben wir nie kennen oder gar gebrauchen gelernt. Wenn wir wirklich einmal hätten die jungen Herren herauskehren und eine unbillige Handreichung verlangen wollen, dann konnten wir des bitteren Hohnes der Eltern oder der Großmutter gewiß sein, die erlauchten Prinzen möchten doch sich selbst bedienen, unsere Mägde seien das nicht, später einmal könnten wir anschaffen, aber hier im Hause nicht.

Als Gehilfin war die schöne Anni vor allem in der ersten Zeit brav und anstellig, wenn sie auch von den gewaltigen Kochkünsten der Großmutter nicht allzuviel begriff. Ein bißchen schlampig war sie wohl, und ihre Reinlichkeit konnte uns nicht als Muster gewiesen werden. Aber mit großer Freundlichkeit pflegte sie den Großvater, der damals bereits krank und ein ungeduldiger Mann war, und für die alten Leute war es schon etwas wert, ein so heiteres und gefälliges Wesen um sich zu haben.

Im Spätherbst starb dann der Großvater; wir wurden zum hochwürdigsten Herrn Abt gerufen, der uns die traurige Botschaft vermitteln sollte. Er war ein fast blinder, milder Greis und hatte die Gewohnheit, in jedem Satz, es mochte passen oder nicht, ein »ja gut, ja schön« einzuflechten, und so sagte er auch uns Buben, wie gut und schön der Tod des Großvaters sei. Zur Beerdigung, und das war wirklich gut und schön, durften wir nach Hause fahren. Und die schöne Anni weinte mit uns um den alten Mann, und was wir bei unsern wilden Spielen nie getan, das taten wir jetzt, wir küßten uns unter Tränen, und ich weiß, daß ich damals jenes wonnige Grauen spürte, ein Mädchen im Arm zu halten und das fremde Wogen der jungen Brust zu fühlen. Unsere Neckereien aber, begreiflicherweise, ließen wir in jenen Tagen, da Wehmut und Trauer das ganze Haus erfüllten. Um so wilder ging's dann zu Weihnachten her; der Anflug von Zärtlichkeit war zwar nicht ganz wieder gewichen, und es schlich sich manche Ungehörigkeit ein, wenn wir etwa die am Boden hokkende Feueranzünderin überfielen oder die auf einen Stuhl Gestiegene, kaum daß die Großmutter nicht hersah, bei den Beinen packten und durchs Zimmer trugen, wobei es Ehrensache war, daß sie sich nicht durch Schreien verriet, so daß die wilden, keuchenden Balgereien durch ihre Lautlosigkeit etwas Dämonisches bekamen. Dann schlug mir wohl das Herz bis in den Hals herauf, eine süße Lockung begann zu quellen, indes wir, das Mädchen oder ich, der aus dem Hintergrunde fragenden Großmutter eine unverfängliche, muntere Antwort gaben. Aber noch überwog das kindliche Spiel, und wenn mich etwa die Anni zur Abwehr in den Finger biß, dann tat das ehrlich weh, und es war keine Lust dabei, daß ich hätte sagen mögen, nur zu, je weher, desto besser.

Mit meinem Bruder habe ich nie über mein oder sein Verhältnis zur schönen Anni ein Wort gesprochen. Aber wir wußten beide, daß einer auf den andern aufpaßte wie ein Schießhund; wenn wirklich einmal jene gefährliche Spannung knisterte, die zu einem Kusse, zu einem frecheren Griff hätte führen können, dann tauchte gewiß der Nebenbuhler wie zufällig auf dem Kampfplatz auf, und verwirrt und errötend ließ der Zudringliche von dem Mädchen ab und trällerte davon, als ob es sich nur um einen flüchtigen Scherz gedreht hätte.

Wir waren wieder in unserem Kloster, wir lernten schlecht genug, wir fuhren auf unsern Brettern durch den leuchtenden Winter, wir rangen, in vertrautestem Freundeskreise, mit Gott und allen Teufeln, denn es war die schreckliche Zeit, da der fromme Kinderglaube unter den ersten, wuchtigen Stößen des Zweifels wankt und bricht. Von der Anni, der wieder völlig vergessenen, hörten wir beiläufig aus einem Brief unserer Mutter, sie tue nicht mehr recht gut, sei hoffärtig geworden und gebe schnippische Antworten. Aber als wir dann zu Ostern, jetzt schon Sechzehn- und Fünfzehnjährige, heimkamen, schien alles wieder beigelegt.

Wir aber bemerkten, ohne uns freilich darüber Rechenschaft zu geben, warum, die Veränderung sofort: Sie wollte von uns nichts mehr wissen, sie stieß unsere Hände weg, höhnte unsere ekelhafte Herumtatscherei, schnitt uns heimlich Gesichter, und wenn wir, noch nicht begreifend, fester zupacken wollten, drohte sie, der Großmutter zu rufen, daß wir sie in Ruhe ließen. Dieser Verrat eines so langen und oft unter süßen Qualen erduldeten Geheimnisses erbitterte uns am meisten. Wir ließen dann von ihr ab, ratlos, was das zu bedeuten habe; denn wie hätten wir damals, wir, die wir Kinder geblieben waren, das Rechte treffen sollen, daß nämlich das Mädchen, das ins achtzehnte Jahr ging, inzwischen manch wilden Kuß geschmeckt hatte, mehr noch, daß es nicht mehr unschuldig war.

Manchmal aber auch, und für uns völlig unvermutet, ja schaudernd und beängstigend, drängte sie sich katzenhaft an uns heran und wollte geschunden sein. Sie ergriff plötzlich Partei für einen von uns, dem sie ihre Gunst anbot, um den andern dadurch zu reizen und zu demütigen, oder sie nannte uns verächtlich Traumichnichtse und zog uns an den Haaren dicht an ihren Mund.

Wer weiß, was aus solcher Verwirrung noch, und wohl bald genug, geworden wäre, wenn nicht ein anderes, bedeutsameres Ereignis sich dazwischen gestellt hätte. Schon seit geraumer Zeit mochte meine Mutter dies und jenes vermißt haben, ein Paar Strümpfe, eine Bluse, ein Schmuckstück. Aber leichtsinnig, wie sie selber war, nahm sie's nicht so genau, dachte, das wohl nur Verlegte werde sich wiederfinden, bis eine, noch so vorsichtige Bemerkung unsere Köchin, ich weiß nicht mehr, welche es war, in Harnisch brachte. Das wäre noch schöner, schimpfte sie, wenn eine ehrliche Haut wegen dem verzogenen Lausaffen, der schönen Anni, in den Verdacht käme, zu stehlen; und schnurstracks drang sie, an einem Samstagnachmittag war es und die Anni trieb sich in der Stadt herum, in die Kammer des Mädchens ein. Da war es nun freilich betrüblich, was ihre wütend grabenden Hände alles zum Vorschein brachten, Wäsche und Kleidungsstücke – und wer weiß, schrie sie, die Köchin, was das Mensch alles schon vertragen und anderswo versteckt habe.

Die Bestürzung war groß, denn die schöne Anni war wirklich wie ein Kind vom Haus gehalten worden. Die Köchin wollte sofort den Schutzmann holen, die Großmutter aber sagte, es wäre gelacht, wenn man mit so einem Bankerten nicht selber zurecht komme; die Mutter schwankte, aber ihre heillose Angst vor der Polizei war der beste Bundesgenosse der kleinen Verbrecherin, und schließlich gab mein Vater den Ausschlag, der meinte, man sei selber nicht ganz ohne Schuld, weil man auf das Kind, als das sie zweifellos zu der Großmutter gekommen sei, nicht besser aufgepaßt habe.

So wurde denn beschlossen, das ganze Diebesgut wieder in und unters Bett zu räumen, die Mutter des Mädchens für den andern Tag, einen Sonntagvormittag, herzubestellen und in ihrer Gegenwart die traurige Überführung der Diebin vorzunehmen. Man versprach sich gewiß große Dinge von dieser moralischen Handlung.

Natürlich merkte die Anni, als sie heimkam, an den verschlossenen Gesichtern und der schlecht gespielten Gleichgültigkeit, daß da irgendwas nicht stimme, und den ersten unbeobachteten Augenblick nützte sie, um mich, der ich mich verlegen herumdrückte, zu fragen, was denn da los wäre. Ich war in einer schrecklichen Zwiespältigkeit, denn wie sollte ich als der erste ihr sagen, daß sie gestohlen habe. Zu meinem Glück trennte uns die dazwischenfahrende Mutter, die sich bei dieser Gelegenheit in düsteren Andeutungen erging, mit allen Heimlichkeiten zwischen uns werde ja jetzt auch Schluß gemacht und glücklich könne sich schätzen, wer ein reines Gewissen habe. Ich wurde rot bis in die Augen hinein unter ihrem forschenden Blick und wußte nicht, ob ich meine nicht ganz ehrliche Unschuld preisen oder ob ich nicht, gerade in diesem Augenblick, es glühend bereuen sollte, die dunkel geahnte Sünde, auf die sie anspielte, nicht begangen zu haben. Auch die Anni wandte sich beschämt ab. Im weiteren Verlauf der verspäteten Einsicht, man könnte uns wohl zu fahrlässig mit dem jungen, hübschen und, wie sich ja jetzt leider herausstellte, grundverdorbenen Mädchen vertraut sein lassen, wurde ich übrigens, wenige Tage hernach, von meiner Mutter über die Gefahren weiblichen Umgangs aufgeklärt und erfuhr mit Schaudern, daß die Frucht solch schrecklichen, wenn auch vielleicht im ersten Augenblick verlockenden Tuns (was, wurde mir natürlich verschwiegen) ein unerwünschtes Kind oder eine häßliche Krankheit seien, häufig sogar beides zugleich; eine Offenbarung, die mich die Frau als das nächst der Klapperschlange giftigste Wesen fürchten lehrte und die mich für viele Jahre in die schrecklichsten Verzweiflungen warf.

Die feierliche Gerichtssitzung am andern Morgen, an der wir natürlich nicht teilnehmen durften, verfehlte ihre Wirkung völlig, denn die Mutter der Anni, eine dicke und gewöhnliche Person, soll, wie uns später erzählt worden ist, bei der Eröffnung, ihre Tochter habe gestohlen, erleichtert aufgeschnauft haben: sie hätte schon gefürchtet, die

Anni bekäme ein Kind von einem Herrn, der sich vom Zahlen drücken wolle, wegen dem bisserl Stehlen bringe sie weder sich um noch die Anni. Wahrscheinlich wußte sie es überhaupt längst und war die Hehlerin manches Stückes, das nicht mehr aufzufinden war.

Sie nahm das verweinte Mädchen, das noch frech geworden wäre, wenn man nicht doch wenigstens mit der Polizei gedroht hätte, gleich mit; als wir von einem Spaziergang, auf den man uns geschickt hatte, zurückkamen, war sie schon fort, und die ausgeräumte Kammer starrte uns dunkel und leer entgegen. Eine Weile ging das Gespräch noch um die schöne Anni, nicht ohne daß auch auf uns manche anzügliche Bemerkung abgefallen wäre. Dann kam der Alltag wieder zu seinem Recht, und schließlich zogen wir, zum letzten Mal, in unsere Klosterschule, und wie wir vordem die glückliche Anni vergessen hatten, so vergaßen wir jetzt, über anderen Freuden und Sorgen, die unglückliche Spielgefährtin – das ist genau um so viel zu wenig, als Jugendgeliebte zu viel wäre.

Nach den großen Ferien blieben wir in der Stadt; mein Bruder kam zu einem Buchhändler in die Lehre, und ich besuchte die letzten Klassen des Gymnasiums; ein schlechter Schüler, wie ich es war, hatte ich alle Mühe, mich über Wasser zu halten, auch fand ich den Anschluß an die neuen, großstädtischen Kameraden nur schwer und blieb so ein etwas hinterwäldlerischer Einsiedler, zumal mir auch das Taschengeld fehlte, um es meinen beweglichen Genossen gleich zu tun. Von Zeit zu Zeit berichtete jemand, daß er von der schönen Anni was gehört habe oder ihr in der Stadt begegnet sei. Die Köchin wußte zu melden, daß sie in einer Konditorei Verkäuferin sei und großen Zulauf habe. Nach ein paar Wochen aber kam sie mit der auftrumpfenden Nachricht, daß man sie dort hinausgeschmissen habe und daß sie jetzt wohl bald dort lande, wo sie hingehöre, und nur der strenge Einspruch meines Vaters, er wünsche nicht, daß der weitere Lebenslauf dieses Fräuleins in unserer Gegenwart erörtert werde, mochte sie gehindert haben, zu sagen, was sie noch alles wußte. Natürlich fragten wir sie hinterher in der Küche, konnten aber mit ihrer Erklärung, daß sie halt auf den Strich gehe, damals nicht viel anfangen.

Eines Tages erzählte dann die Mutter, daß sie die Anni getroffen habe. Sie sei durch die Maximilianstraße gegangen, und auf einmal habe ihr von der anderen Seite eine ziemlich aufgedonnerte Dame fröhlich zugewinkt und sei über die breite Straße auf sie zugesteuert, und da sei es die Anni gewesen und habe sich nach allem erkundigt, wo wir jetzt wohnten, wie es den Buben und der Schwester gehe, mir nichts, dir nichts, als ob sie im besten Einvernehmen geschieden sei. Und sie, die

Mutter, sei schon gerührt gewesen von so viel Anhänglichkeit, da habe sie auf der Bluse der Anni ihre goldene Uhr baumeln sehen – man trug sie damals so, an die Brust gesteckt –. Und da habe sie ganz zornig gesagt, Sie freche Person, geben Sie gleich meine Uhr her, die Sie gestohlen haben! Und die Anni habe sehr liebenswürdig gelächelt, nein, gelacht habe sie überhaupt: Ja so, die Uhr, aber gern, und habe sie vom Kleid genestelt und sei ganz vergnügt und mit vielen Grüßen davongeschwänzelt. Übrigens müßte der Neid ihr lassen, sagte meine Mutter, daß sie vorzüglich ausgesehen habe und wirklich verdammt hübsch sei. Das gleiche bestätigte nicht viel später meine kleine, jetzt etwa zwölfjährige Schwester, die sich an staunendem Lob über die schöne Dame, die einmal bei uns war, aber damals war sie nicht so schön, kaum genug tun konnte, ein so wunderfeines Kleid habe sie angehabt und gerochen habe sie, genau so, wie es im Märchen von der Prinzessin stehe und wie sie einmal an dem Fläschchen hätte riechen dürfen. Und meine Schwester zeigte sich fest entschlossen, auch einmal so eine feine Dame zu werden.

Ich begriff nun freilich, um was es da ging, und begriff es auch wieder nicht, meinen siebzehn Jahren zum Trotz. Ich hatte in meinem Schiller schon früh genug jenes aufregende: H... mit den Pünktchen dahinter entdeckt und von einem meiner Mitschüler die verwegene Erklärung bekommen, das seien Frauen, die das freiwillig tun, was unsere Eltern tun müßten; recht viel weiter war ich noch nicht gekommen, es blieb ein düsteres Geheimnis, das in meiner Fantasie die kühnsten Gestalten annahm, freilich nur Schemen der schweifendsten Art, die hinter jeder Wirklichkeit ebenso weit zurückblieben, wie sie ihr vorauseilten.

Der alternde Mann, der jetzt versucht, die Tür der Erinnerung aufzumachen, kann gar nicht leise und vorsichtig genug eintreten wollen in das Zimmer seiner Jugend. Denn unversehens drängen die groben Begierden und Enttäuschungen später Jahre mit hinein und verstellen die Wahrheit. Der nachträgliche, wilde Wunsch, ja selbst die plumpe Reue, diese erste Gelegenheit, wie ach so viele noch, versäumt zu haben, fälschen das Bild, die zerblätternde Rose vermag den Traum der Knospe nicht mehr zu träumen.

Gewiß gab es damals in unserer Klasse schon genug junge Männer mit Schnurrbärten und prahlerischen Ansichten über die Weiber, aber wie sehr auch sie noch unschuldige Aufschneider gewesen sein mochten, ich zählte nicht zu ihnen; keines Abenteuers, keiner Verliebtheit hätte ich mich zu rühmen gewußt, und Jahre sollten noch vergehen, ehe der erste Kuß meine mehr schaudernden als beseligten Lippen traf. Und doch war es ein schwerer, auswegloser Aufruhr, der mein Herz in Qualen hin- und herwarf.

Ich möchte jene Jahre, die leichthin die goldene Jugendzeit genannt werden, nicht ein zweitesmal durchleben müssen. Noch rang in mir einfältiger Glaube mit den Teufeln bestürzender Erkenntnisse, es wankte mein Himmel und meine Erde; denn als der schlechteste Schüler der Klasse, aber im Bewußtsein meines überlegenen Verstandes und im Besitz weitester, freilich in der Schule kaum verwertbarer Kenntnisse, kämpfte ich einen schlimmen, demütigenden Kampf voller schrecklicher, mein empfindliches und ehrgeiziges Herz tödlich treffender Niederlagen, und mehr als einmal war ich entschlossen, mich aus diesem Leben davonzumachen.

In solch finsterer Verfassung war ich, als ich an einem klaren Vorfrühlingstage unvermutet die schöne Anni traf. Sie ging lachend und unbekümmert auf mich zu, während ich, wie vom Blitz gespalten, nicht wußte, wie ich mich zu ihr stellen sollte. Die Kameradin der Kindheit, die fortgejagte Diebin, das verworfene Wesen: was sollte ich in ihr sehen? Von einer Dirne, einem Straßenmädchen, hatte ich die aberwitzigste Vorstellung. Um Gottes willen, dachte ich, was wird sie zu dir sagen, ja, was wird sie an Ort und Stelle mit dir anfangen wollen? Ich war daher auf das angenehmste überrascht, als sie mich fragte, wie es mir ginge, bekümmert feststellte, daß ich blaß aussehe und daß das Studieren sicher recht schwer sei. Auch nach den Eltern und Geschwistern sowie der inzwischen verstorbenen Großmutter erkundigte sie sich mit wirklich herzlicher Neugier, und mit unbefangener Heiterkeit begann sie zu plaudern. Ich beruhigte mich, als ich sah, daß sie ein so verruchtes Wesen, wie ich mir's vorgestellt hatte, nicht gut sein konnte, und da ich mehr und mehr die schöne Anni von früher in ihr spürte, nahm ich mir wenigstens ein Herz, ihr Rede und Antwort zu stehen und sie auch verstohlen anzuschauen, während wir ein Stückchen die Straße entlang gingen.

Sie war jetzt wirklich schön, das volle, schwarzrote Haar stand um ihr feines, blasses Gesicht, darin, soviel ich verstand, nur der Mund zu grell leuchtete; ein hübsches Seidenkleid zeigte ihre blühende Gestalt, um die Schultern trug sie einen Fuchspelz, einen verwegenen Hut hatte sie auf dem Kopf. Aber im Ganzen schien sie mir nicht aufdringlich angezogen, die einst zu großen Hände waren wohl seither kleiner geworden, sie staken in feinen Handschuhen. Sie war voll lachenden Lebens, und die graue Angst, die ich zuerst empfunden hatte, bekam immer glühendere und üppigere Farben: Angst war es noch immer, was mir die Brust mit heißen und kalten Strömen durchzog, aber nun war es eine zärtliche Furcht und ein holdes Grausen, von dem ich wünschte, es möchte nie mehr aufhören, während ich zugleich mit Entsetzen spürte, daß es mich brausend einem Abgrund entgegentrieb. Ich sah, ich erlebte zum erstenmal das Weib.

Und wer weiß, warum auch sie jetzt anfing, mich gerade an die wildesten und verfänglichsten unserer Spiele zu erinnern, ob ich's noch wüßte, wie ich sie gekitzelt hätte damals im dunklen Alkoven, und sie habe doch nicht lachen und schreien dürfen, weil es sonst die Großmutter gehört hätte; oder wie wir über die Hinterhofmauer in den düsteren, verwunschenen Garten des Grafen Ruffini steigen wollten und wie sie mit dem Rock hängen geblieben sei und der alte, grauhaarige Kerl so unverschämt gelacht habe. Da war es, als ob nachträglich noch jene Faxen und Schäkereien ihre Unschuld verlören, und jetzt war ich es, so steif und feige ich auch neben ihr herschritt, der in einer ungewissen Begierde sie ansah, diese weichen Formen und das fremde Wogen ihres Leibes. Und doch hätte ich nicht zu sagen gewußt, was ich eigentlich von ihr wollte und was mir so wunderlich im Herzen grub.

Es kann wohl sein, daß die schöne Anni abgefeimt genug war, mit schlau berechneten Worten mir das Blut sieden zu machen; vielleicht war es auch ein natürliches, ja kindliches Sich-Erinnern, für sie am Ende schon schmerzlich, da sie ja schon drüben stand in der wilden und gefährlichen Welt der Wissenden. Jedenfalls brach sie im entscheidenden Augenblick das Gespräch ab und verabschiedete sich rasch, indem sie mir, über und über rot werdend, ein Kärtchen, das sie aus ihrem Muff nahm, in die Hand drückte, ich möchte doch einmal, wenn ich Zeit hätte, bei ihr vorbeischauen. Und schon ging sie davon, ohne sich umzusehen.

Ich besah die winzige Karte mit der zierlichen, mit der höllisch gefährlichen Schrift, ein Name, eine Straße, eine Hausnummer, bei Frau Wolfsgruber stand darauf und bitte, zweimal läuten ... Ich war stolz und kühn; schau einmal an, dachte ich, so leicht ist es, eine Damenbekanntschaft zu machen – ich war glühend rot, die Sünde erhob ihr zischendes Schlangenhaupt, die schrecklichen Ausgeburten einer unklaren Verstiegenheit suchten mich heim, ich schwitzte vor Angst, Feenträume und Teufelsgesichter tanzten einen tollen Reigen in mir, ganz verwirrt ging ich heim, einen sausenden, saugenden Zwang in der Brust; ich sagte niemandem etwas, auch dem sonst so vertrauten Bruder nicht, von der aufregenden Begegnung, und das Kärtchen versteckte ich hintereinander an hundert Orten, bis es mir, an den Ecken beschnitten, zwischen den Deckeln meiner Firmungsuhr am sichersten erschien.

Gebraucht hätte ich es längst nicht mehr, in Flammenzügen war die Anschrift in mich eingegraben. Bald war ich fest entschlossen, hinzugehen, natürlich nur so, aus Neugier und warum nicht, wie ich mir einredete, bald war ich mit Schaudern davon überzeugt, daß ich nie den Mut aufbringen würde, auch nur die Straße zu betreten, in der die, ach so holde, Unholdin hauste.

Gerade damals galt es, wenige Tage darauf, eine lateinische Schulaufgabe zu bestehen; sicherem Vermuten nach sollten wir eine Ode des Horaz ins Deutsche übertragen; und für die Osternote, ja für das Jahreszeugnis war das Ergebnis dieser Arbeit schlechthin entscheidend. Ich besaß selbstverständlich, wie alle Schüler, eine Ausgabe der Übersetzungen, und da es diesmal ums Ganze ging, war ich bereit, den Sieg auch durch Unterschleif zu erringen. Das Spicken war aber in den Oberklassen eine gefährliche Sache; wurde einer darauf betreten, dann war, besonders in einer heiklen Lage wie in der meinigen, sein schimpflicher Untergang so gut wie besiegelt.

Des ungeachtet, faßte ich den verzweifelten Entschluß, alles auf eine Karte zu setzen – und weiß Gott, diese Karte hatte ihr Sinnbild in dem schrecklichen Stückchen Papier, das ich unterm Uhrdeckel verbarg!

Wurde ich beim Abschreiben ertappt, nun, dann sollte das Unheil seinen Lauf nehmen, dann war alles verspielt, ich würde die schöne Anni besuchen, ich würde ihr, um welchen Preis auch immer, das düster glühende Geheimnis entreißen, und Tod und Verderben mochten dann das Ende sein.

Wenn mich aber der liebe Gott – und ich war vermessen genug, ihm diesen Handel anzubieten, unbeschadet der Beleidigungen, die ich ihm gerade damals aus dem Aufruhr meiner zerrissenen Brust zuschleuderte – ja, wenn mich der liebe Gott retten wollte, dann bot ich ihm den Preis: nie zu dem Mädchen zu gehen, nie auch nur zu versuchen, ihr zu begegnen.

Der verhängnisvolle Tag kam; der Lehrer ließ die Blätter austeilen, nannte Überschrift und Seitenzahl der Ode, die wir übersetzen sollten. Mit funkelnden Gläsern, die auf jeden einzelnen gerichtet schienen, überwachte er das Aufschlagen des lateinischen Textes. Ich aber nahm, so heftig mir die Hände auch zittern wollten, meine Schwarte herauf, riß das entsprechende Blatt heraus und legte es in die Horazausgabe. Der Spieß ging, nein, er sprang behende und tückisch an den Bänken entlang, schüttelte hier ein Buch, ob nicht ein Spickzettel herausfalle, prüfte dort den Text, ob er nicht Zeichen trüge, und forderte alsbald meinen Nachbarn Koppenwallner mit kalt verachtender Stimme auf, seine Bemühungen einzustellen, wobei er drohend die gefundene Eselsbrücke schwang, daß seine Röllchen klirrten.

Mir schlug das Herz bis zum Halse; aber zum

Äußersten entschlossen, saß ich bleich und stöhnend über meinem Text, und so hoffnungslos war mein Blick auf den Professor gerichtet, daß der sonst so mißtrauische Mann mich, beinahe gütig, mahnte, ich möge die Nerven nicht verlieren, da sonst alles verloren sei.

Ich bekam denn auch eine so gute Note, wie ich seit Jahren auf meinen rot durchackerten Blättern keine mehr hatte besichtigen können, und war damit, da Latein meine Hauptgefahr gewesen war, für diesmal sicher, das Klassenziel zu erreichen. Und da unsere Lehrer im Grunde gutmütige Burschen waren, die es selber nicht gerne sahen, wenn in den oberen Klassen noch einer durchfiel, so fehlte es mir plötzlich nicht an allerlei Ermunterungen und kleinen Hilfsstellungen.

Mein Versprechen aber hatte ich gleich nach der gewonnenen Schlacht wahr gemacht. Und als ob es keine bessere Gewähr für die Vernichtung des Dämons gäbe, der mich versucht hatte, zerbiß ich, in einer wunderlichen Aufwallung, die winzige Karte und verschluckte sie, in der Nacht, tief und schaudernd in mein Bett vergraben.

Von der schönen Anni hörte ich und hörten wir alle nichts mehr. Ich bestand, ein Jahr später, kläglich genug, die Reifeprüfung, ich zog als Freiwilliger ins Feld, und ich war als Schwerverwundeter schon wieder zu Hause, da besuchte eines Tages ein alter, weißbärtiger Geheimrat meinen Vater.

Wir kannten den vornehmen Mann vom Sehen und wunderten uns, was ihn bewegen mochte, die vier Treppen heraufzukeuchen und uns eine so förmliche Aufwartung zu machen. Er komme, sagte er ohne Umschweife, wegen seiner Schwiegertochter; sein Sohn habe sich dieser Tage, vor dem Ausmarsch, kriegstrauen lassen, und zwar mit einer Nichte von uns, der Anni. Sie hänge so sehr an uns, erzähle auch immer von allen, aber es müsse wohl eine dumme Geschichte im Spiele sein, daß wir ihr böse seien, und sie selber traue sich nicht mehr her, und auch er bitte, seinen Besuch, der eigentlich mehr ein Versuch sei, nicht übel aufzufassen. Er habe doch meine Eltern immer als umgängliche Leute kennen gelernt, und da habe er sich ein Herz gefaßt und frage nun frisch von der Leber weg, ob sich die Mißhelligkeit denn nicht, im Krieg jetzt gar, aus der Welt schaffen ließe.

Meine Eltern fielen von einem Erstaunen ins andre, sie wußten nicht, ob sie empört sein sollten oder hellauf lachen, aber beides verbot ja die Rücksicht auf den würdigen und gutgläubigen alten Mann; und so brachten sie es ihm schonend bei, daß die schöne Anni nur das Mädchen gewesen sei bei der Großmutter und freilich gehalten wie das Kind vom Haus. Von dem Diebstahl aber und dem, was sie vom weiteren Lebenslauf der schönen Anni erfahren hatten, sagten sie nichts.

Der Geheimrat, so heftig er an dem ungeheuren Brocken würgen mochte, der ihm da unvermutet vorgesetzt wurde, bewältigte ihn doch mit Fassung, bat meine Eltern, nichts für ungut zu nehmen, und ging; vielleicht hatte er jetzt zu der halben Wahrheit, die er schon wußte, die andere Hälfte erfahren und die ganze war schwer genug für ihn zu tragen. Er ist aber wohl klug genug gewesen und hat zu Hause nichts erzählt von seinem Versöhnungsversuch; und da sein Sohn die schöne Anni, mag er sie kennen gelernt haben, wo und wie er will, aufrichtig liebte, wurde noch alles zum Besten gewendet. Ich sah sie übrigens, gegen Ende des Krieges, noch einmal unter den Ehrendamen eines großen Wohltätigkeitsfestes; und jetzt war ich, ein kleiner, verwundeter Gefreiter, zu schüchtern, sie anzusprechen. Sie war geschmackvoll gekleidet, von einer selbstverständlichen Sicherheit und unterschied sich von den übrigen Frauen nicht; es sei denn durch ihre alle andern überstrahlende Schönheit. Sie soll ihren Mann bald darauf verloren haben und, reich und gesellschaftsfähig, wie sie nun war, in Berlin eine noch glänzendere Ehe eingegangen sein. Warum auch nicht? Wenn nicht die Mägde von gestern die Herrinnen von morgen würden, wie sollte dann der Wechsel Bestand haben auf dieser wunderlichen Welt!

Ich selber aber habe erst, nachdem mich der

Krieg auf seine gewalttätige Art zum Manne gemacht hatte, mein erstes wirkliches Erlebnis mit einer Frau gehabt, und ich habe mich noch ungeschickt genug dabei angestellt. Damals, in den süßen und wilden Schauern der Liebe, fühlte ich es erst, wie nah und wie unendlich fern zugleich ich dem Geheimnis gewesen war, das mich unschuldig und zauberisch umspielt hatte in der Gestalt der schönen Anni.

Bild und Sinnbild

März

Nach diesem wintermilden Jahr
Der Dompfaff sitzt im Ahorn feist.
Es lärmt der Spatzen Bettlerschar
Und brüstet sich nur doppelt dreist
Der nie bestandenen Gefahr,
Vergessend, daß sie Gott gespeist.

Ein Star
Weitgereist
In Liedern lang und wunderbar
Die Süßigkeit der Heimat preist.

Bergfriedhof

Die Wiesen branden blumenschwer
Bis an die niedere Mauer her.

Holunder, der im Schatten bleicht,
Auf weißen Tellern Schlummer reicht.

Es blüht der Toten stiller Mund
Von Edelweiß und Türkenbund.

Die Berge stehen hoch im Licht.
Sie sind schon tot. Sie sterben nicht.

Augustmorgen

Den fernsten Kirchturm siehst du heut;
Es stört kein Hauch, kein trüber.
Und wandern hörst du das Geläut
Herüber und hinüber.

Das Licht wird Klang, der Klang wird Licht,
So leicht heraufgehoben ...
Im Glanz der reinsten Zuversicht
Bist du der Welt verwoben.

Im Regen

Kinder kommen gelaufen
Ins Grüne, ins Nasse
Heraus,
In den prustenden Regen,
Ersingen sich seinen Segen,
Daß er sie wachsen lasse.

Im hölzernen Fasse
Mit dunklem Basse
Aus allen Traufen
Lärmt schon der Braus.

Die Bäume schnaufen,
Lechzen dem Feuchten entgegen.
Gern wollen sie's leiden,
Daß der Wind sie fasse
Im wilden Bewegen,
Im tanzenden Saus.

Die Eichen vorm Haus,
Die beiden
Uralten Heiden,
Stehen bescheiden
Und lassen sich taufen.

Die Rose

Als sich die Rose erhob, die Bürde
Ihres Blühens und Duftens zu tragen
Mit Lust:
Hat sie, daß es der letzte sein würde
Von ihren Tagen,
Noch nicht gewußt.

Nur, daß sie glühnder noch werden müßte,
Reiner und seliger hingegeben
Dem Licht
Spürte sie – ach, daß zum Tode sich rüste
So wildes Leben,
Bedachte sie nicht …

Als dann am Abend mit Mühe der Stengel
Ihre hingeatmete Süße
Noch trug,
Hauchte sie, fallend dem kühlen Engel
Welk vor die Füße:
»War es genug?«

Septembermorgen

Auf dem Turm, im Morgenstrahl
Steh ich, lichterfüllt.
Nebel hält das weite Tal
Drüben noch verhüllt.

In des Himmels lichtes Blau
Dröhnen Glocken schwer.
Unsichtbar, aus goldnem Grau
Schwingt die Antwort her.

Sieh, der Nebel reißt und raucht!
Grün und bunt der Hang!
Blitzend aus der Tiefe taucht
jetzt der Turm, der klang …

Vor dem Gewitter

Die Luft steht still. Die Landschaft ist wie gläsern.
Von grellen Zuckungen der Himmel flirrt.
Kein Windhauch streicht in all den
Sommergräsern.

Heiß ist die Erde. Tief von Lust verwirrt.
Ein Sonnenstrahl, der durchs Gewölke klirrt,
Ist schon die Tuba, die erdröhnen wird
Am Mund von himmlischen Fanfarenbläsern.

Liebesspruch

Du bist nicht hier. Ich bin nicht dort,
Uns schwemmten böse Stunden fort.
Sie trugen mich in mich hinein,
Sie schlugen dich in dein Allein.

Doch glaube an den tiefen Sinn:
Die Liebe findet überall hin!
Sprich du mit mir das Zauberwort –
Dann bist du hier; dann bin ich dort.

Gebet

Du, der über allem wacht,
Leicht die Erde rollt in Händen:
Diesen Tag laß leise enden,
Gib mir eine gute Nacht!

Gott, du weißt, was ich ertrug,
Niemals bat ich dich um Gnaden,
Ging mit meinem Leid beladen,
War mir selber stark genug.

Doch laß heut mit meiner Last
Nah mich deinen Füßen betten,
Um dies Stäubchen Glück zu retten,
Das du mir gegeben hast.

Landschaft

Mächtig hingelagert eine quere
Wolke, wie ein blutiges Beil.
Und davor vier Pappeln, stumm und steil,
Dunkle Wächter irdischer Ehre.
Doch dahinter eine süße Abend-Himmel-Lehre
Und ein Stern, als wäre
Hoffnung auf das ewige Heil!

Trost

Du weißt, daß hinter den Wäldern blau
Die großen Berge sind.
Und heute nur ist der Himmel grau
Und die Erde blind.

Du weißt, daß über den Wolken schwer
Die schönen Sterne stehn,
Und heute nur ist aus dem goldenen Heer
Kein einziger zu sehn.

Und warum glaubst du dann nicht auch,
Daß uns die Wolke Welt
Nur heute als ein flüchtiger Hauch
Die Ewigkeit verstellt?

Das Weihnachtsbild

Der altertümliche Herr, der dort kerzengerade, aber doch ein wenig wackelig durch den nassen Dezembersturm geht, ist der Hofrat Farny. Kein Mensch weiß, warum er Hofrat ist, was er alles getrieben hat in seinem langen Leben, ob er Arzt war oder Gelehrter, Beamter vielleicht im alten Österreich; kein Mensch weiß auch, wovon er lebt, wovon er gelebt hat in all den Jahren, seit er hier aufgetaucht ist, in der mäßig großen fränkischen Stadt, in der er jetzt durch den nassen Schnee wandert, in einem schier dürftigen Winterrock, der windflatternd um seine Knie schlägt, den bartlosen Geierkopf unterm breiten Hut vorgestreckt, ohne Blinzeln in das Gestöber hineinblickend, ein verwetztes, leeres Mäppchen unter den Arm geklemmt.

Ja, das Mäppchen ist noch leer, er kann es gleichgültig halten, so oder so, es schadet nicht viel, ob es feucht wird, ob der Wind es aufblättert. Wenn er aber Glück hat, wird er es behutsam nach Hause tragen, mit köstlichen Erwerbungen gefüllt, alten Stichen und Steinzeichnungen, Pergamentmalereien oder Aquarellen, wie er sie, vielleicht, finden würde in den Läden und Gewölben der vier, fünf Trödler und Antiquare, die es hier gab. Er war ein Sammler, ein Liebhaber, ja; und wie ein Liebhaber zog er jetzt aus, das Abenteuer zu suchen. Feurige Gedanken und kühne Hoffnungen bewegten sein Herz; es konnte ihm gelingen, den großen Fang zu tun, den unwahrscheinlichen Schatz zu heben. Und wie ein Freier davon träumt, der Braut zu begegnen, sie zu gewinnen, sie heimzuführen, wie er davon schwärmt, des herrlichen, nicht mehr bestrittenen Besitzes sich zu freuen, so gedachte der alte Hofrat, die noch leere Mappe durch den Winternachmittag tragend, in ahnender Lust der wunderbaren Stunde, da er seine Eroberungen daheim, unterm Lampenlicht auf den Tisch breiten würde, nicht heute, nein, da wird er sich bezwingen; aber morgen abend, am 24. Dezember, da wollte er es tun. Zwei Pakete, von auswärtigen Händlern, Ansichtssendungen, hatte er schon zu Hause liegen; hatte sie nicht aufgemacht, wie sehr ihn danach verlangte. Dies sollte sein Weihnachten werden, seine Christbescherung. Mochten andere sich ein Bäumchen putzen, sich mit Geschenken überraschen – das lag weit hinter ihm. Zwei Frauen hatte er begraben, der einzige Sohn war ihm gefallen. Seitdem gehörte seine Liebe den kleinen Dingen am Rande der großen Kunst. Und wenn der Hofrat heute auszog, einen großen Fund zu tun, sein Weihnachtsgeschenk zu holen, dann dachte er nicht an meisterliche Kostbarkeiten; so unbescheiden kam er dem Schicksal nicht. Aber warum sollte er nicht das eine oder andere Blättchen finden, das wie für ihn bestimmt schien, das wie eine Sprosse war für die Leiter seiner eigenwillig ausgerichteten Sammlung, wohlfeil und doch nicht für alles Geld der Welt aufzutreiben, wenn es einem nicht der holde Zufall in den Weg warf. Und dieser Zufall, dieses Glück mußte heute mächtig sein. Der alte Mann witterte es. Mit dem gespannten Ausdruck eines Jägers klinkte er die Türe des ersten Ladens auf, den er bei seinem Pirschgang besuchen wollte. Den ergiebigsten Platz freilich, wo er sich wirkliche Beute erhoffen durfte, sparte er sich bis zum Schluß auf: die Höllriegelsche Kunsthandlung an der Korbiniansbrücke.

Auf der Korbiniansbrücke stand in der selben Stunde ein anderer Herr müßig im leiser werdenden Schneetreiben, ein jüngerer Mann, gemessen am alten Hofrat, wohlvergraben im weichen Flauschmantel, mit festen Schuhen unbekümmert in der Nässe und schaute ins trübe Wasser hinab oder in die schon dämmernden Straßen hinein, bis zur Kirche, deren Turm im Dunst verschwand. Er hatte Zeit dazu, herumzustehen, er hatte mehr Zeit an diesem Nachmittag, als ihm lieb war. Weiß Gott, er war sonst ein eiliger Mann, in Hamburg, wo er daheim war, ein vielbeschäftigter, ein Architekt, Hansen hieß er, und Zeit war Geld für ihn. Aber heute und hier, was sollte er treiben, den ganzen Nachmittag, in einer mittelgroßen, fremden Stadt. Er war mittags gekommen, eine wichtige Besprechung mit den Behörden war auf morgen früh verlegt worden, eine dumme Geschichte, er mußte den Mittagszug noch erreichen, wenn er am Christabend, spät genug, noch daheim sein wollte.

Und was er morgen an Zeit zu wenig haben würde, das hatte er heute zu viel, er stand herum, zum Wein konnte er doch noch nicht gut gehen, was sollte er sonst den Abend tun, den ganzen Abend, der war noch lang genug zum Trinken und zum Sinnieren. Gewiß, hinterher, wenn er wieder im Zuge saß, würde es ihm einfallen, daß er den und jenen Bekannten hier hatte, aber jetzt fiel ihm keiner ein. Er ging ein paar Schritte weiter, er sah gleichmütig in die Auslagen, voller passender Festgeschenke, für wen wohl passend, lächelte er, für ihn gewiß nicht. Er sah auch in die Fenster der Höllriegelschen Kunsthandlung, im halben Licht bot sich ihm ein Wust von Büchern und Trödel, von Möbeln, Teppichen, Bildern, Waffen und altem Kunstgewerbe. Und mit einem Mal lagen die nächsten Stunden freundlicher vor ihm: hier würde er sie verschmökern, in zielloser Jagd nach dem glücklichen Zufall.

Er trat ein, fragte das verlegen aufwachende Mädchen mit fröhlicher Gelassenheit, ob er sich, ohne bestimmte Kaufabsicht, umsehen dürfe, und ließ sich hier einen Krug, dort ein Bild zeigen, griff wohl auch selbst nach einem Buch oder einem Blatt und kam mehr und mehr mit dem Mädchen, das seine Schüchternheit vergaß, ins Plaudern. Im Hintergrund des weitläufigen Ladens fand er in einem Gestell eine Mappe, trug sie unters Licht und begann, sie zu durchblättern.

Der alte Hofrat hatte recht gewittert: der holde Zufall, das Glück war heute mächtig. Nach einer Reihe von belanglosen Dingen, als er schon ermüden wollte, fand der Architekt das entzückendste Bildchen, das sich denken läßt. Beileibe kein Werk der großen Kunst, ja, offenbar überhaupt von der Hand eines Stümpers, aber ein Bildchen, in das jeder empfindsame Mensch verliebt sein mußte auf den ersten Blick. Rührend gezeichnet und in sauberen, ein wenig grellen Wasserfarben getuscht, stellte es ein Biedermeierzimmer am Christabend dar. In der Mitte des Raumes stand der Gabentisch, mit einem hölzernen Reiter drauf, einem vierspännigen Planwagen und einer Puppenküche. Darüber zwei Christbäumchen, mit Lichtern geputzt und mit buntem Marzipan behängt. Der Vater steht dort, das jauchzende Jüngste im Arm, zwei Schwesterchen küssen sich, ein Bub schiebt ein Wägelchen, sein Geschenk, quer durch das Zimmer. Mutter und Großmutter aber schauen gerührt auf zwei weitere Geschwister, die ein paar arme Nachbarskinder bescheren. Auf dem mächtigen, weinroten Kanapee aber lehnt, völlig vergessen, eine allerliebst gekleidete Puppe.

Der Architekt fragte, so beiläufig er es in seiner Freude vermochte, was dieses Bildchen koste. Er machte sich insgeheim auf einen bedeutenden Preis gefaßt, entschlossen, ihn zu zahlen, wenn er nicht gar zu unsinnig wäre. Das Mädchen entzifferte die Auszeichnung und sagte stockend, als wäre es zu viel: Dieses Bildchen kostet fünf Mark. Der Kunde, der dreißig gerne gezahlt hätte und bei fünfzig kaum schwankend geworden wäre, griff unverzüglich in die Tasche und legte ein blankes Fünfmarkstück auf den Tisch.

Im selben Augenblick ging die Tür und aus dem Schneedunkel traten zwei Männer herein, zwei Greise, ein kleiner, wieselflinker, der dienend voranging, und ein großer, bolzengerader, der starr stehenblieb, als er, mit einem Blick, den Fremden gewahrte, über die Mappe gebeugt.

Da habe er es noch gerade recht getroffen, rief der muntere Alte, er wisse ja, wann der Herr Hofrat zu kommen pflege, und er habe ihm ja auch was besonders Schönes hergerichtet; er wisse, was er einem alten Kunden zu Weih –; er blieb mitten im Wort stecken, denn nun hatte auch er gesehen, daß die Blätter, die dieser Fremde durchforschte, eben die waren, die er für den Hofrat bestimmt hatte.

Der Architekt merkte nichts von der heillosen

Verwirrung, die ihn umgab und die auch das Mädchen ergriffen haben mußte unter dem bittern Schweigen des Hofrats und den zornigen und hilflosen Blicken ihres Großvaters. Gelassen schloß er die Mappe, in der nichts weiter seine Aufmerksamkeit erregt hatte. Der Händler griff mit allen Fingern danach: »Sie sind fertig, mein Herr? Sie haben nichts gefunden?« rief er gierig und warf einen erlösten, einen sieghaften Blick auf den Hofrat; auch dieser trat, wie aus einem Bann gelöst, hastig näher.

Der Architekt, ein wenig verwundert, aber nicht begreifend, sagte ganz ruhig, nein, er habe nichts weiter gefunden, außer diesem Bildchen, das er bereits gekauft und bezahlt habe. Fünf Mark, es habe wohl seine Richtigkeit, das Geld liege übrigens noch auf dem Tisch. Und er nahm das Bild, das von andern Blättern halb verdeckt gewesen war, und hielt es dem Händler hin.

Der – zuckte schmerzlich zusammen; der Teufel hätte nicht tückischer wählen können als dieser zur Unzeit hergelaufene Kunde! Er hätte gar zu gern dem fremden Herrn dieses Bild wieder abgejagt, dieses Aquarell, das er seit einem halben Jahr verborgen gehalten hatte, um den Hofrat damit zu überraschen. Aber an dem Kauf war nicht zu drehen und zu deuteln. Sollte er den Preis für einen Irrtum seiner Enkelin erklären und eine verrückte Summe verlangen? Ja, wenn die geheime Zahl zweistellig gewesen wäre – aber hier stand deutlich ein einzelner Buchstabe! Und dem Herrn alles erzählen, die ganze Schuld auf das Mädchen schieben – er hatte einen Ausweg gefunden: »Nicht wahr, Herr Hofrat«, sagte er und blinzelte hinüber, »Sie hatten doch dieses Bild bereits fest erworben, es ist nur aus Versehen – meine Enkelin konnte nicht wissen –« Sein Versuch scheiterte an dem harten Blick des Hofrats, der kalt und mühsam hervorbrachte, indem er sich ein wenig altmodisch gegen den Architekten verneigte: er könne sich nicht entsinnen, es müsse bei dem bleiben, daß der Herr ihm zuvorgekommen sei, und einen Hirschen könne man nicht zweimal schießen. Und er fragte bescheiden, ob er das Blatt näher betrachten dürfe.

Der Architekt, der sich gern mit seiner Beute aus dem Staube gemacht hätte, denn es wurde ihm unbehaglich, gab mit ausgesuchter Höflichkeit dem alten Herrn das Bild. Der trat unter die Lampe und betrachtete es; was, betrachten! Mit den Augen verschlang er's, mit der Nase befuhr er's, mit den Lippen schmeckte er es; er würgte es gierig in sich hinein, dann wieder, wie vergessend, daß es ihm nicht gehöre, überglänzte er es mit seligen Blicken. Dies sei, sagte er endlich, das erste Bild, das ihm unterkomme, auf dem die Christbäume hängend, von der Decke herab, dargestellt seien. Und er erzählte, wie um einen Vorwand zu haben, das Blatt noch nicht weggeben zu müssen, vom alten Heidenbrauch des spukwehrenden Wintergrüns, lachte, daß der erste Pfarrer, der »gegen die waldnachteilige Verhackung der Weihnachtsbäume« gewettert hatte, ausgerechnet Dannhauer geheißen habe, und brachte eine Reihe von Schnurren und Anmerkungen vor, eifrig redend, als gelte es, einen Zauberkreis von Worten um das Bild, das unselig verlorne, rasend begehrte und nach geheimem Recht ihm gehörige Bild, zu schließen.

In der Tat benützte der Architekt denn auch die erste Lücke des Gesprächs, ihm die Beute zu entreißen, indem er auf die Uhr sah, etwas von höchster Zeit murmelte und die Hand, höflich, aber bestimmt, gegen das Blatt hinstreckte. Der Hofrat genoß den unwiderruflich letzten Blick auf das geliebte Blatt mit trunkenen Augen; seine Hand zitterte, er stieß einen ächzenden Seufzer aus, dann hielt er es schwankend in die Luft, abgewandten Gesichts, wie verlöschend in Qual. Der Architekt, beschämt und unschlüssig, ob er etwas sagen sollte, nahm sein Bild, rollte es zusammen, steckte es in die weite Brusttasche seines Mantels und verließ mit raschem Gruß den Laden, überzeugt, daß hinter ihm ein Wirbelsturm der Wut, der Verzweiflung und Verwünschungen losbreche. Er kam sich, während er durch den inzwischen weiß und dicht gefallenen Schnee seinem Gasthof zustrebte, bald wie ein großartiger Glückspilz vor, bald wie ein flüchtender Attentäter. Das tapfere und hoffnungslose Gesicht des alten Herrn wollte ihm nicht aus dem Sinn, ja, es schwamm vor ihm her im zitternd rieselnden Schnee. Weiß Gott, wenn der Hofrat die zugeworfene Rettungsleine ergriffen, wenn er beschworen hätte, das Bild gekannt und so gut wie gekauft zu haben, ob er, der Architekt, dann die Scherereien des Rechtbehaltens auf sich genommen hätte.

Ein ritterlicher Mensch, das war er, der wunderliche Kauz; wer weiß, was der alles erlebt hat, bis er so geworden ist! Ob ich auch einmal so werden würde, gierig auf ein Bildchen, kindisch, wenn ich's nicht bekomme – der alte Knabe hätte doch beinahe das Heulen angefangen. Ob ich so werde? Ich bin ja schon so! Einem armen Teufel sein Weihnachtsvergnügen nehmen, pfui! Hätt' ich's ihm doch gelassen! Kunststück, etwas entdecken, was für den andern vielleicht schon hergerichtet war – Er schämte sich; auf der Stelle wollte er umkehren; aber der Trotz verbot es ihm. Und was ging ihn ein fremder Herr an. Und schließlich war es ein reizendes Bild, gut und gern seine fünfzig Mark wert, auch wenn es nur fünf gekostet hatte. Einen so seltenen Fang läßt man nicht wieder fahren, einer flüchtigen Wallung des Herzens zuliebe.

Er ging auf sein Zimmer, holte das Bild aus der

Tasche, betrachtete es sorgfältig und ohne Überschwang. Sehr nett, dachte er, aber eigentlich nichts weiter. Wenn man es ohne Gnade beschaut, gibt es nicht viel her. Für den Hofrat freilich, den armen Alten, wird es zum verzehrenden Gaukelspiel des Unerreichten, schöner von Tag zu Tag – Der Unglückliche! Tut mir leid, aber – –

Er warf wieder einen Blick auf das bunte Blatt, es gefiel ihm jetzt über die Maßen, nie würde er es hergeben. Der Hofrat – was kümmerte ihn der Hofrat! – wird jetzt auch heimgekommen sein, nichts wird er haben, um es auf den Tisch zu breiten, an das Bild hier wird er denken, mit brennendem Herzen.

Der Architekt schalt sich selber einen gefühlsseligen Narren, warf das Bild in die Tischlade, machte sich für den Abend zurecht und trat wieder ins Freie. Heute werd ich ordentlich eins trinken, dachte er. Und tat es auch. Über vieles wollte er nachdenken, ein einsamer Zecher, wie selten hatte er Muße dazu, so gut zu sitzen und die Gedanken schweifen zu lassen über die Jahre, die schon gelebten und die noch zu lebenden, ins Ungewisse hinein und mit welcher Kraft des Herzens. Aber wohin er seine Seele auch sandte, der alte Mann holte ihn ein, in hundert Verwandlungen, auf tausend Wegen kam er ihm entgegen, trat an den Tisch zu dem Trinkenden, flehte um das Bild.

Und jetzt erst recht nicht, sagte der Architekt und sagte es fast laut vor sich hin und setzte noch einen Schoppen drauf und noch einen. Und spürte doch, daß ihm das Bild nicht mehr gehöre.

Er ging spät in den Gasthof zurück, schlief schwer, erwachte wirr, sah, daß es schon hohe Zeit war, zu der Besprechung zu gehen, machte sich eilig fertig, frühstückte voll Hast und bestellte den Diener mit dem Koffer an die Bahn zu dem Mittagszug, mit dem er fahren wollte, den er unbedingt erreichen mußte.

Die Besprechung war anstrengend, der Architekt war ganz Fachmann und genauer Rechner, viel stand auf dem Spiel. Mit knapper Not wurde bis zur Mittagsstunde eine vorläufige Einigung erzielt, um 12 Uhr 36 ging der Zug, er stieg in das Taxi, auf dem Bahnhof war ein bewegtes Treiben, natürlich, am Tage vor Weihnachten! Mit dem Worte Weihnachten fiel ihm der Hofrat ein und das Bild – das Bild, das wahrhaftig jetzt im Hotel liegengeblieben war, im Schubfach!

Der Diener stand da mit dem Koffer. Es eilte sehr. »Hören Sie«, sagte der Architekt, »ich habe ein Bild liegenlassen –« – »Wird nachgeschickt!« fiel ihm der Diener beflissen ins Wort. Aber der Reisende, indem er sich schon aufs Trittbrett schwang, lachte plötzlich, und es war das gute Lachen des Siegers, der sich selbst bezwingt: »Nein«, rief er, »nicht nachschicken! Tragen Sie es gleich, jetzt, sobald Sie heimkommen, zu dem Antiquar an der Brücke, er soll es dem Hofrat bringen, dem es gehört. Und die fünf Mark, die es gekostet hat, soll er seiner Enkelin geben, als Schmerzensgeld, denn sie wird genug gescholten worden sein!« Und der Diener rief, dem fahrenden Zug nach, ein wenig ungewiß, was der Auftrag bedeuten solle, er werde es genauso ausrichten. Und er wünsche dem Herrn fröhliche Weihnachten.

Der Zug war überfüllt, aber der Architekt fuhr erster Klasse, es kam ihm nicht darauf an, das war heute ein Abschluß von Hunderttausenden gewesen. Und er war doch vergnügter darüber, daß er eine Sache in Ordnung gebracht hatte, im Wert von fünf Mark. So billig, lachte er in sich hinein, so recht und billig habe ich noch nie fünf Menschen eine Weihnachtsfreude gemacht: Einem alten Mann, noch einem alten Mann, einem Mädchen, mir selber und, wenn ich's ihr erzähle, meiner Frau auch – und wenn ich ihr auch nichts mitgebracht habe als diese Geschichte –

Die Fahrt nach Engelszell

In Passau, der goldenen Stadt,
Verließ ich den Dom,
Verließ ich das orgelbrausende Haus
Und auch die Schenke zum Heiligen Geist,
Die wohl getränkt und gespeist mich hat,
Und ging, über die Innbrück hinaus
Übern grünen Fluß, der wild wirbelnd reißt.
Eine Vorstadt war noch, zwischen Gärten kraus,
Die boten manch duftigen Blumenstrauß
Und scherzten mit gipsernem Reh und Gnom.
So kam ich bis an den Donaustrom.
Den wanderte dann ich einsamer Mann
Mit rüstigen Schritten entlang.

Und blickt ich auf meinen Weg zurück,
Sah ich lang noch ein Stück
Von der geistlichen Stadt
Und drohend darüber am waldigen Hang
Die trotzigen Mauern von Oberhaus
Gewaltig und kühn.

Dann sah ich nichts mehr, denn alles verschlang
Das Grün, das unendliche Grün.
Grüngrau, graugrün ging der Strom mit Braus
In Wirbeln matt und in Wellen glatt,

Grüngrau war das zappelnde Pappelblatt,
Das große, zitternde Herz.

Und grünschwarz standen die Erlen schlank
Und die Weiden weißspitzig und grau.
Grünschwarz war das wuchernde Brombeergerank
Zwischen dem Fluß, der dahinschmolz wie Erz,
Und der fetten, grastiefen Au.

Die Wiesen, schon junirauh
Verholzt und gebräunt
Waren von Salbei blau: so blau
Hab ich sonst ihn gesehen nie.
Dahinter, mit Stecken eingezäunt,
Auf den Weiden, stand scheckiges Vieh.

Darüber, von beiden Seiten her,
Gingen die Leiten von Wald,
Wo der mächtige Strom sich vor Zeiten quer
Mit Gewalt, mit sanfter Gewalt
Bezwingend der Felsen Gegenwehr
Mit nichts als der Woge, die rann,
Gegraben den klaffenden Spalt
Jahrhunderttausende alt.
Jetzt steht dort der mächtige Tann
Und prächtig, als wär es der Schild zum Speer,
Ein Eichbaum, dann und wann.

Am Himmel zogen die Wolken schwer
Und drohten mit Regenguß.
Mitten im Sommer kam eisiger Hauch
Und oft, von Sonne, ein Schwertschlag grell
Überm kalt hinkochenden Fluß.
Und das Schwalbenvolk flitzte schnell
Mit weißblitzendem Bauch
Und ritzte, das flügelgespitzte, die Well
Mit flüchtigem Kuß.

Hoch in den Lüften ein Geier, gell
Schrie grau in dem grauen Licht.
Zwei Kuckucke riefen, der eine hell,
Der andere dunkel und fern.
Das Sträßlein, nun ging es eingeengt,
Dicht zwischen Felsen und Fluß gezwängt,
Wo droben, mit grämlichem Greisengesicht
Eine Burg die Pechnas herunterhängt:
Die drohte wohl vormals den reisigen Herrn –
Mich störte sie nicht.

Dort rastete just ich, an einem Quell
Bei Stern und Vergißmeinnicht.
Ein Hund lief herzu mit struppigem Fell,
Mit lautem Gebell.
Der blieb nun ein Stück weit mein Weggesell.
Ich hatte ihn gern.

Schon fielen Tropfen, groß und schnell,
Ich kam aus dem Wald,
Das Sträßlein neigte mit leichtem Gefäll
Sich hinunter und drüben lag Oberzell
Verwittert und alt.

Es lag, vom grauen Lichte bestürmt
Mit seiner Stiftskirche, zwiegetürmt,
Mit manchem prächtigen Haus,
Lag unter dem grünen, rauschenden Hang,
Und die Donau, aus dem felsichten Zwang
Rieb sich in rascheren Wirbeln und schwang
Sich mächtig hinaus.

Herüben aber wars grau und still.
Der Wald ging bis an den Fluß.
Der Fährmann schlief tief
In der schwankenden Zill,
Weil keiner ihn rief,
Ihn zu wecken, daß er hinüber muß.
Und auch ich ging vorbei,
Im Herzen bezähmend den halben Entschluß,
Hinüber aus meiner Wüstenei
Zu fahren, zu fröhlichem Bier und Wein,
Und weiter ging ich, in leisem Verdruß,
Bei dem drohenden Guß
So allein auf dem Weg zu sein.

Ich wanderte weiter in lauter Grün,
Das sommerverworren und dicht
Mit Disteln und Kräutern am Wege stand,
Herwuchernd über des Sträßleins Rand
In der Wiesenmulde, die licht
Sich schmiegte an Wald und Felsenwand
Mit bescheidenem Blühn
Und schmalem schwarzsilbernen Ackerland,
Gewonnen in hartem Bemühn.
Ein Schloß erhob sich zur rechten Hand
Schuppig behelmt, im Eisengewand
Raubritterkühn.

Verzaubert war alles; ich ging im Traum.
Kein Mensch begegnete mir.
Nur die Wolken, schwer schnaufend,
Wettlaufend schier,
Zogen niedrig im grauen Raum.
Es standen wohl Häuser dort und hier,
Doch waren sie stumm.
Es lud keine Schenke zu Brot und Bier.
Wohl prangten die Gärten in bunter Zier
Blum neben Blum,
Und aus den Ställen, von Roß und Stier
Kam Gescharr und Gebrumm,
Aber zu sehn war kein Kind, kein Tier –
Ich wußte es nicht, warum.
Ich ging des Weges, verwunschen schier,
Und schaute mich auch nicht um –

Nur nach dem spät blühenden Apfelbaum,
Der im Schatten stand, an des Weges Saum
Schwarzkrallig und krumm.

Im Gehen zog ich mein Brot hervor –
Es war ja schon Mittagszeit;
Und hielt den Mund an ein Brunnenrohr
Damit ich im Rasten mich nicht verlor,
Denn der Weg schien noch weit.
Und war es doch nicht; denn eh ichs gedacht,
War Engelhardtszell in Sicht.

In eine grüne Kastaniennacht
Fiel grelles Gewitterlicht,
In weiße, funkelnde Kerzenpracht
Auf ein Kapellchen, das voll Andacht
Mit barockem, krausem Gesicht
Und heiter, vertrauend dem ewigen Heil,
Zum blauenden Himmel sah.

Und dann war des Marktes Häuserzeil
Schon ganz nah, gebaut an die Ufer steil.
Die letzte Meil, die ging ich mit Eil
In dem frohen Gefühl: ich bin da!

Der Markt an der Donau war einmal reich,
Das war noch an Vielem zu sehn.
Jetzt war er behäbig und schäbig zugleich,

Die Gassen verlassen und schmutzig bleich
Und alles ließ lässig sich gehn.

Ein Wirtshaus neben dem andern stund:
Der Adler, die Traube, die Post.
Die Türen klafften mitunter, wie wund,
Die Mauern zeigten den Ziegelgrund
Und standen, gedunsen, ungesund
Wie von zu fleischiger Kost.
Die Schindeldächer taten mir kund,
Gesträubt von Hitze und Frost,
Und die trüben Läden voll Warenhausschund
Des Reichtums und des Biedersinns Schwund
Am alten Heerweg nach Ost.
Doch lustig, verblichen den goldenen Grund,
Knarrten die Schilder im Rost.

Ich schwankte, indem ich die Speiszettel las,
Wohin ich mich wenden müßt.
Und hatt ein Gelüst auf dies und auf das
Und fragte schließlich noch Vetter und Bas,
Wer das bessere Wirtshaus wüßt.
Und folgte dann doch meiner eigenen Nas,
In die Post, noch zaudernden Schuhs:
Ein ungeheuerer Metzgerhund
Verwehrte den Eintritt dem Fuß.

In dumpfer Stube von trägem Mund
Erscholl ein grantiger Gruß.

Ich setzte mich still in den Hintergrund,
Wo ein Handwerker saß und aß
Und mich mit mürrischen Augen maß
Aus einem Gesicht voll Ruß.

Die Kellnerin schob sich aus ihrem Eck,
Des neuen Gastes nicht froh.
Sie fegte mit ihrem Tuch voll Dreck
Über den Ahorntisch
Und legte ein schmutzig altes Besteck
Zu einem papierenen Wisch.
Und fragte nach meinem Wanderzweck
Vor Neugier ganz plump und roh,
Und es verdroß sie, als ich bloß keck
Die Schultern lüpfte: »Nur so ...«
Und ging wieder weg und brachte das Bier,
Das hell war und bitter und frisch.
Und der Metzgerhund, das riesige Tier,
Lagerte knurrend, mit Zähnegebleck,
Einen Brocken erwartend, bei mir.
Doch aß ich gebratenen Donaufisch –
Was gäb es auch besseres hier,
Wo der Strom, der breite, vorüberfließt,
Als daß man seine Gaben genießt,
Nicht achtend des Hundes Begier.

Nun ging ich schlendernd hin durch den Ort,
Ich schaute mir alles an.
Zur Donau zog es zuerst mich fort:

Das hätt es wohl jeden getan,
Denn sie ist die mächtige Königin dort
Mit leisem Wort und brausendem Wort
Und alles ihr untertan.

Die verwitterten Treppen hinunter, steil
Durch verwahrloste Häuserschlucht,
Wo die Hühner saßen, im Nassen geduckt,
Und die Hähne, mit rotem Kamm
Erzitterten bunt, voller Eifersucht.
Wo aus vergitterten Gärten geil
Die Feuerlilie prunkte, feil
Grellrot, mit manchem schwarzsamtenen Punkt,
Hinunter, wo am gemauerten Damm
Die Donau herschwamm und mit Wirbelwucht
Heraufstieß, wie Wolken, den gärenden Schlamm,
Wo Welle, von schnellerer Welle verschluckt,
Hinschoß, von der Schwalben Pfeil überzuckt
Und das wilde Gebüsch, ins Wasser getunkt
Zitterte, wie am Seil.

Die Häuser, mit ihrer düsteren Front,
Schauten in trübem Verfall
Auf den graugrünen, unbesonnt
Rauchenden, siedenden Schwall.
Aber mit ihrer züngelnden Flamm
Hoch schoß die Nessel empor.
Im Hühnergackern und Gockelzorn
Blühte, schier wütend, ein Flor

Von Rotdorn, Schwertlilien und Rittersporn,
Und an den triefenden Zweigen, klamm,
Weil am kühlen Tag es sie fror,
Feucht Flieder hing und Schneeball.

Ich ging entlang den steinernen Wall,
Wo an Sommertagen, hellheiß,
Das Dampfschiff sonst landete, weiß
Mit Gelächter und mit Trompetenschall
Auf einer fröhlichen Reis'
Von Passau nach Linz und in die Wachau
Und in die Kaiserstadt Wien.
Aber heut sah ich nur einen Schleppzug grau
Mühselig stromaufwärts ziehn.
Ein Gärtchen blühte am Steueraufbau,
Und kopftuchbunt stand dort eine Frau,
Die traurig und fremdländisch schien.
Ein Hund, ein Köter, struppig und rauh
Laut kläffend, lief her und hin.

So kam ich über den Ort hinaus
Und betrat eine lachende Flur.
Das Kloster sah ich, das Gotteshaus,
Sonst wenige Häuser nur.
Von der Trappisten schweigendem Fleiß
War allenthalben die Spur.
Sie hatten zum Garten die wilde Natur
In tausendjährigem Fleiß und Schweiß
Gewandelt zu Gottes höherem Preis

Getreu dem entsagenden Schwur.
Weit waren die Felder, wie an der Schnur
Bepflanzt mit Gemüse und Mais.
Und die Glashäuser blitzten und blinkten wie Eis,
Wenn Licht und Wind hinein fuhr.

In all dem grünen und blühnden Gedräng,
Wo die Donau hinausschoß, schnell,
Wieder in Wildnis und Wäldereng
Unter der Wolken schwerem Gehäng,
Da war die begnadete Stell.
Und als ich eintrat, über die Schwell,
Da wars, als ob alles zersprängt,
Als ob der Himmel herunter sich schwäng
Buntfarbig und golden hell,
Und brausend von der Verklärten Gedräng
Mit Chören der andern Welt mich empfäng
Die Kirche von Engelszell.

Eugen Roth im dtv

»Eugen Roth ist ein Mann, der nicht nur ›das Licht der Welt erblickte‹, sondern der aus dieser Tatsache, trotz Widerwärtigkeit und ›manch trüb verbrachtem Jahr‹, auch ein rundes, heiteres, weises Ganzes machte.«
Der Tag, Berlin

Das Eugen Roth Buch
ISBN 978-3-423-**21137**-6
Eine umfassende Sammlung von heiteren Versen und ernsten Gedichten, Anekdoten und Erzählungen.

Mir geht's schon besser, Herr Professor!
Heilsame Verse von Eugen Roth
Hg. v. Christine Reinhardt
ISBN 978-3-423-**13895**-6
Das ultimative lyrische Geschenkbuch für den Krankenbesuch.

Alles halb so schlimm!
Frustschutzverse von Eugen Roth
Hg. v. Christine Reinhardt
ISBN 978-3-423-**13944**-1
Heitere Reime für sporadische Pechvögel und klassische Krisenabonnenten, die die täglichen Sorgen und Nöte vergessen lassen.

So ist das Leben
Verse und Prosa
dtv großdruck
ISBN 978-3-423-**25205**-8
»Solange ein Mensch Lust und Muße findet, sich so zu beklagen, so lange kann noch nicht alles verloren sein.« (Joachim Kaiser)

Ernst und heiter
dtv großdruck
ISBN 978-3-423-**25225**-6
Ein Querschnitt durch das Werk eines Autors, der mit seinen heiteren Versbänden, aber auch mit seinen ernsten Gedichten und Erzählungen seit Jahrzehnten eine große Lesergemeinde erfreut.

Genau besehen
Verse und Anekdoten
dtv großdruck
ISBN 978-3-423-**25262**-1
Witzige Reime und Episoden aus dem Leben Eugen Roths.